João Calvino era assim

A VIBRANTE HISTÓRIA DE UM DOS GRANDES LÍDERES DA REFORMA

João Calvino era assim

A VIBRANTE HISTÓRIA DE UM DOS GRANDES LÍDERES DA REFORMA

Thea B. Van Halsema

Prefácio à Edição Brasileira

Espero que você leia este livro como li e que, ao lê-lo, aconteça com você o mesmo que aconteceu comigo. Iniciei a leitura ansioso e com grande expectativa… terminei em lágrimas, dando graças a Deus pela vida do Reformador de Genebra. A forma acessível e piedosa como a escritora e biógrafa Thea B. Van Haselma escreve sobre Calvino toca o nosso coração, nos encoraja e edifica espiritualmente.

A autora procura retratar Calvino desde sua juventude até seus últimos momentos de vida, abordando a narrativa no contexto pessoal, familiar, cultural e religioso em que ele viveu.

Lembro que certa vez fui chamado pelo diretório acadêmico de um Seminário Teológico Batista para falar sobre Calvino e a Reforma Protestante. Fiz o melhor que podia e, como presbiteriano, estava excitado, não ocultando minha grande admiração pelo reformador de Genebra. Era um momento em minha vida de grandes descobertas sobre o calvinismo. No final, uma professora de história da Igreja se aproximou — não sei se satisfeita ou crítica por minha postura e palavras — e me disse: "Vejo que você é um grande admirador de Calvino!" Mas esta obra não destaca Calvino de forma acrítica, nem o demoniza. Ela procura equilibrar admiração e crítica, dando uma visão "justa" de sua vida, não focando somente na teologia, mas mostrando como as convicções de Calvino se expressaram em sua vida pública e privada.

O leitor poderá entender o homem Calvino como pessoa — com suas dores, lutas, frustrações e limitações — e não somente como teólogo e acadêmico. Alguém já disse que esta é "uma biografia vívida e prazerosa de se ler... tanto atraente quanto honesta."

Que você, leitor, assimile e identifique que o objetivo da escritora é tornar a história da Reforma acessível e inspiradora, unindo fidelidade histórica, linguagem piedosa e ênfase espiritual.

Antecipando-me aqui, deixo-lhe as palavras de Calvino em seu leito de morte, dirigidas a Farel, seu amigo e companheiro de tantos anos na luta pela Reforma e que estava distante dele — são palavras para você que também luta pela fé reformada: "Porque Deus quer que você seja o sobrevivente, lembre-se da nossa amizade, a qual tem sido útil para a igreja de Deus, e cujos frutos nos aguardam no céu. Não se canse de vir até mim. Já estou respirando com dificuldade, e espero a cada hora que o fôlego me falte de uma vez. *Basta que eu viva e morra para Cristo, a recompensa para aqueles que são d'Ele, na vida e na morte.* Entrego-o, e os irmãos que estão com você, aos cuidados de Deus. Fielmente, João Calvino."

Nas atas do Consistório de Genebra, ao lado do nome de João Calvino, havia estas palavras: "*Levado por Deus* no dia 27 de maio do ano corrente (1564), entre oito e nove horas da noite."

João Calvino era assim, um homem humilde, um servo de Deus que viveu sob o lema: *Soli Deo Gloria* — Toda glória somente a Deus.

— *Presb. Manoel Canuto*
Editora Os Puritanos

Sumário

Prefácio da Autora

O livro *João Calvino Era Assim* procura contar a história de uma vida — um esforço para reviver e revelar algo da extraordinária e inspiradora personalidade de João Calvino. Não pretende discutir sua teologia; muitos já o fizeram com competência.

É surpreendente quanto se pode conhecer de Calvino por suas cartas, escritos e registros, bem como pelas obras que narram sua trajetória. Fui profundamente enriquecida por essas leituras e pelos dias que passei em Estrasburgo e Genebra, em 1958.

Este livro nasceu de um trabalho em conjunto com meu marido, que forneceu material, sugestões e estímulo constante, além de revisar o manuscrito e preparar o índice. A ele, minha sincera gratidão.

Sou igualmente grata ao Dr. John Kromminga, reitor do Calvin Seminary e professor de História Eclesiástica, pela gentileza de ler o manuscrito.

Ao morrer, Calvino foi lembrado por seu amigo Guilherme Farel, que disse: "Ó, quão alegremente correu uma nobre carreira. Corramos como ele, conforme a medida da graça que nos foi dada." Que esta narrativa de sua vida nos inspire a correr com a mesma fé e perseverança.

— Thea B. Van Halsema
Grand Rapids, Michigan, E.U.A.
3 de abril de 1959

[**Parte I**]

"DEUS GUIOU-ME ASSIM"

I. O Primeiro lar de Calvino

Com as mãos protegendo os olhos, a mulher e o menino saíram da meia-luz da catedral para a praça ensolarada, onde o burburinho da feira contrastava com a solidão do templo.

Como sempre, a praça estava apinhada de gente e animais. Os moleiros já começavam a cutucar seus asnos para que se encaminhassem de volta à roça, voltando com os lombos vazios das cargas de fubá vendidas na feira. Homens a cavalo matraqueavam sobre o calçamento irregular. Aqui e ali, com vestes pretas e marrons, padres e monges iam a caminho.

A mulher quase nada via disso tudo. Seus olhos ainda estavam embaçados pela emoção das suas confissões. Seus lábios mal haviam cessado suas preces aos santos. Consideravam-na uma mulher piedosa. Diziam até que ela era tão piedosa quanto bela, o que significava ser piedosa de verdade.

Mas o menino, embora meio escondido pelos largos panos do xale materno, via tudo com seus pequenos, mas matreiros olhos.

Pisando entre fardos e bruacas e esbarrando entre cotovelos e bichos esparramados pelo centro da cidade, mãe e filho atravessam a praça e chegam a casa. Entram de mansinho, pois o lar era um escritório também. Atrás dos vidros esverdeados das janelas, o chefe da casa, sentado à sua mesa, cuidava dos negócios da igreja. Gerard Calvin era advogado dos padres e cônegos. Era secretário do próprio bispo. Os homens que trabalhavam para a igreja estavam sempre entrando e saindo por essa porta. Questionavam e gritavam em seus ouvidos, maquinavam e faziam intrigas para melhorar a situação de cada um e, na hora do aperto, precisavam do seu advogado para ajudá-los. Gerard Calvin trabalhava infatigavelmente em sua importante tarefa a favor dos homens da igreja. Era um homem astuto, respeitado por todos. Era sagaz, também, no tratamento dos seus próprios interesses.

O advogado da igreja estava galgando posição em seu pequeno mundo. Vinha fazendo assim desde o dia em que deixara a vila de seu pai e largara o ofício paterno. Por que ser tanoeiro,[1] fabricante de barris e pipas, quando se poderia manejar uma pena em vez de um martelo? O filho do tanoeiro instalara-se, pois, em Noyon, cidade francesa amuralhada, a meia hora da casa de seu pai. Diziam que Gerard Calvin tivera sorte ao casar-se com Jeanne le Franc, bela filha de um rico hoteleiro aposentado. O primeiro filho chamava-se Carlos.

---

1 Artesão que fabrica barris, tonéis e pipas de madeira, ofício que o pai de Calvino, Gerard, abandonou.

Sob o xale materno, o pequeno Calvino espreita com olhos atentos e curiosos, enquanto sua piedosa mãe se desfaz em lágrimas.

Os dois seguintes pereceram na infância. Então viera João, o preferido vivo, nascido às treze horas e vinte e sete minutos do dia 10 de julho de 1509. Depois dele, nasceu mais um menino, chamado Antônio.

Jeanne le Franc Calvin falecera quando seu filho João tinha somente três anos. Uma madrasta veio residir no lar dos três meninos, acrescentando duas filhas à família.

Embora raras vezes mencionasse os primeiros anos de sua vida, João, anos mais tarde, descreveu uma breve peregrinação que ele havia feito com sua mãe. Por duas horas, caminharam juntos pelo vale até chegarem ao santuário de Santa Ana[2] que, segundo diziam, era a avó terrena do Senhor. Erguido por sua mãe, o menino João beijara a relíquia preciosa da caveira de Santa Ana, exposta num receptáculo dourado, cercado de velas, flores e pelas faces reverentes de outros romeiros.

---

2   Refere-se a um santuário mariano na região de Beauvais (França), para onde Jeanne le Franc e João Calvino teriam feito uma peregrinação. Santa Ana era considerada a avó terrena de Jesus.

Diziam que esse pedaço de osso era uma relíquia toda especial. Por conseguinte, o sacrário estava sempre repleto. No entanto, também se podiam encontrar relíquias em Noyon, todas adoradas como se fossem verdadeiras. Naqueles dias, o povo se dispunha a crer em qualquer coisa. A igreja dizia haver alguns cabelos de João Batista, um dente do Senhor, um pedaço de maná do Velho Testamento e algumas migalhas que sobraram da primeira multiplicação dos pães. Na catedral, havia um fragmento da coroa de espinhos, além de relíquias de menor importância, tais como os restos de um tal Santo Elói. Os monges do mosteiro e os padres da catedral sempre discutiam sobre a verdadeira localização dos ossos daquele santo: se no mosteiro ou na catedral. Era uma discussão cerrada e interminável. Nem mesmo o parlamento francês conseguiu solucionar o problema.

Durante quatorze anos, o menino João morou em Noyon, na província francesa de Picardia.[3] Dez mil pessoas habitavam os muros da velha cidade, que já era antiga naquela época. Quinhentos anos após Cristo, Noyon já era sede de bispado. Foi aqui que o grande Carlos Magno foi coroado rei no ano 768. Uns quinhentos anos mais tarde, a grandiosa catedral foi construída, pedra sobre pedra, até que sua imponente estrutura dominava toda a paisagem.

Noyon estava sobrecarregada de padres, monges, cônegos, capelães e de toda espécie de empregados eclesiásticos. Cada qual estava seguro de seus direitos pessoais e pugnava por sua promoção. O poderoso bispo, um fidalgo da nobre família

---

3 Região histórica e antiga província ao norte da França, onde se localizava Noyon, cidade natal de Calvino.

de Hangest, governava a todos. A catedral era o centro da vida citadina. Além dela, havia uma abundância de mosteiros, conventos, igrejas e capelas, cada qual com seu sino. Cada sino badalava frequentemente. Dizia-se que em Noyon não se podia falar três palavras sem a interrupção de um sino. O badalar dos sinos ecoava pelo vale. Nos dias de festa, o coro metálico alcançava os ouvidos dos barqueiros que desciam o Rio Oise com suas barcaças em direção ao mar. À distância, os montes purpúreos, que recebiam o pôr do sol, também abrigavam as notas soltas que conseguiam chegar até lá.

Foi nesse pequeno mundo amuralhado, de santuários e relíquias, de procissões e festas, de círios, sinos e imagens, que cresceu o segundo filho do advogado da igreja. Em tudo, ele participava com devoção, lembrando os olhos embaçados de sua mãe. De seu tamborete, no canto da casa, ouvia também as vozes que vinham da escrivaninha de seu pai. Um clérigo queria o fruto de mais vinhas. Outro desejava o grão de maiores

Enquanto os homens disputavam poder e riqueza, um olhar jovem
já buscava o verdadeiro sentido do serviço a Deus.

campos. Estavam sempre querendo mais para si, almejando ficar mais ricos, mais admirados, mais acomodados.

Talvez em sua cama, à noite, João imaginasse com os pensamentos de rapaz:

— O Senhor, cuja imagem em tamanho natural estava pendurada naquela cruz na catedral, sangrando, trajando somente um pano em seus lombos e uma coroa de espinhos — Ele não possuía coisas na terra... Estaria Ele contente com estes homens que trabalhavam para Ele na igreja? Estaria Ele alegre vendo-os defraudando, almejando posições mais altas, vestindo trajes esplêndidos, preocupados unicamente consigo?... O que estaria o Senhor achando de tudo isso?

II. Um advogado astuto

Gerard Calvin estava arrumando a vida dos seus filhos. Ele precisava de dinheiro para a educação dos filhos, preparando-os para trabalhar na igreja. Aproveitando, portanto, um costume em voga na época, ele registrou os rapazes como assalariados da igreja. Naqueles dias, um menino podia ser nomeado para um cargo eclesiástico, receber um salário, pagar uma fração desse valor a um padre adulto para realizar o trabalho e, assim, ficar com os lucros para si. Era necessário conhecer pessoas influentes para concretizar esses planos. Era contra a lei, mas já ninguém ligava para esses regulamentos estéreis. Pois o exemplo vinha de cima. Havia um Papa, Bento IX, com somente doze anos; um arcebispo de Rheims que fora empossado em sua função aos cinco anos; e um bispo de Metz que mal havia completado quatro anos de vida. O próprio bispo de Noyon,

Charles de Hangest, aos quinze anos, já havia recebido do Papa toda sorte de benefícios e suas respectivas rendas. O povo não se espantava mais com essas barganhas pecaminosas na igreja.

Gerard Calvin conhecia pessoas influentes em Noyon. Ele aguardava com paciência oportunidades para seus filhos. Logo Carlos, o filho mais velho, conseguiu o posto de capelão de uma pequena capela, mal havia alcançado a idade mínima para cantar no coro da catedral. Três anos mais tarde, em maio de 1521, o jovem João recebeu seu primeiro benefício.[4] Foi nomeado para uma das capelas de La Gesine. Anualmente, como compensação, recebia três medidas de milho de uma cidade e, da outra, a colheita de vinte trigais. O pai pagava a um padre para fazer o trabalho das capelanias e guardava os lucros para seus filhos. Era um empreendimento bastante rentável.

Com doze anos, João assinou solenemente os juramentos da capelania. Recebeu a tonsura[5] — um corte de cabelo especial que deixava rapada a coroa da cabeça do clérigo. O novo capelão, com seus trigais e sua cabeça rapada, era agora um noviço. E tinha dinheiro para estudar.

Havendo oportunidade, era possível trocar um benefício por outro mais rentável. Foi o que João fez aos dezoito anos. Estudando em Paris na época, ele trocou de capelania, transferindo a primeira para Antônio, seu irmão mais novo. Novamente, dois anos depois, João faria outra troca, tornando-se capelão da vizinha cidade de Pont l'Evêque, onde seu avô Calvin morava.

---

4   Chamava-se canonicato o cargo eclesiástico ligado a um benefício, muitas vezes concedido a leigos ou crianças, mediante o pagamento de um padre substituto.
5   Cerimônia em que se rapava a coroa da cabeça do clérigo como sinal de entrada na vida clerical.

Os rapazes da família de Hangest, sobrinhos do bispo, eram bons amigos de João. Gostavam do filho do advogado da igreja, embora ele não pertencesse à classe aristocrática. João brincava na mansão dos amigos e aprendeu a andar a cavalo. Estudou com eles sob a direção de um tutor particular. Mais tarde, acompanhou-os ao Collège des Capettes,[6] um educandário para meninos, em Noyon, assim chamado em razão dos capuzes utilizados pelos alunos.

Quando a escola dos capuzes nada mais oferecia, os rapazes de Hangest se prepararam para continuar os estudos em Paris. A peste voltara para aterrorizar o povo de Noyon, sendo este outro motivo para sair da cidade. Perguntaram a João se gostaria de acompanhá-los, o que o entusiasmou muito. Seu pai aproveitou a ocasião com entusiasmo. Os cônegos da catedral se reuniram e decidiram, com certa relutância, que o salário da capelania de João não lhe seria cortado quando deixasse Noyon.

No verão de 1523, os rapazes de Hangest e o filho do advogado da igreja saíram a cavalo da cidade onde nasceram, agora infestada de peste. Com grande expectativa, galopavam em direção à grande cidade de Paris, noventa quilômetros a sudoeste de Noyon. João Calvino, com quatorze anos, entrava em um mundo novo de pessoas, lugares e ideias. Ele não voltaria mais a Noyon para residir.

---

6   Colégio para meninos em Noyon, assim chamado devido aos capuzes usados pelos alunos.

III. Roma, Wittenberg, Paris

O mundo fora de Noyon não estava parado. Grandes acontecimentos se desenrolavam.

Leão X[7] ocupava o trono papal em Roma, usando a tríplice coroa de seu elevado ofício. Pertencente à família Médici, era considerado um dos mais grandiosos Papas, o homem ao qual se atribui a frase: "Que bom negócio tem sido para nós essa fábula de Cristo". Independentemente de ter proferido tal frase, sua posição rendeu-lhe imensa fortuna. Suas riquezas eram incalculáveis, e seus tesouros artísticos, fabulosos.

Leão X dedicava-se também à construção da basílica de São Pedro em Roma. Contudo, o dinheiro não afluía como esperado, o que levou o Papa a inventar um novo método para aumentar a renda da Igreja. Aqueles que contribuíssem para a construção da basílica de São Pedro receberiam uma indulgência,[8] um certificado de papel declarando o perdão dos pecados do contribuinte. Essa declaração era assinada pelo magnificente Leão X. Essas indulgências seriam eficazes também para os pecados de parentes falecidos que esperavam no purgatório. Em 1513, quando João Calvino completava quatro anos, o monge Tetzel[9] iniciou suas viagens pelos estados germânicos para vender indulgências.

---

7   Papa da família Médici (1513–1521), famoso por promover a venda de indulgências para financiar a construção da Basílica de São Pedro em Roma.
8   Certificado de papel emitido pelo Papa que declarava o perdão de pecados (para o contribuinte ou parentes falecidos no purgatório) em troca de contribuições financeiras.
9   Johann Tetzel (1465–1519), monge dominicano famoso por vender indulgências nos estados germânicos, ato que incitou a reação de Lutero.

Foi a chegada desse monge, Tetzel, que agitou a vida de outro monge, um doutor em teologia que ensinava na Universidade de Wittenberg. Martinho Lutero[10] começou a ensinar ali um ano antes do nascimento de João Calvino. Em 1517, quando o menino de Noyon tinha oito anos, o professor de Wittenberg afixou suas noventa e cinco teses na porta da Igreja do Castelo. Lutero proclamava que o perdão dos pecados não podia ser comprado com o dinheiro das indulgências. O perdão é gratuito. É um presente de Deus, não do Papa ou da igreja. O som do martelo monástico em Wittenberg foi o sinal para o início de uma reforma que muitos já aguardavam.

Nas montanhas da Suíça, Ulrico Zuínglio[11] estava pronto. O monge Sansão de Milão começou a vender indulgências ao povo suíço. Contudo, a pregação de Zuínglio foi tão impactante que Sansão não obteve licença para entrar na cidade de Zurique. A cidade, agradecida, convidou Zuínglio para ser o pároco da igreja Grossmünster, iniciando seu novo trabalho com uma série de sermões sobre a Palavra de Deus. Zuínglio pregava as Escrituras, que os homens não ouviam há séculos.

E os homens tampouco haviam visto as Escrituras. Por isso, em 1516, o aparecimento de uma nova tradução grega do Novo Testamento, feita pelo extraordinário sábio holandês Erasmo[12] em Basileia, foi um acontecimento notável. Era, sem dúvida, o redescobrimento de um livro perdido.

---

10 Teólogo e reformador alemão (1483–1546) que iniciou a Reforma Protestante ao pregar as suas noventa e cinco teses na porta da Igreja do Castelo de Wittenberg (1517).
11 Teólogo e líder da Reforma Suíça (1484–1531), que pregou em Zurique a partir de 1519. Morreu na Batalha de Kappel em 1531.
12 Desiderius Erasmus (c. 1466–1536), proeminente humanista e erudito holandês, conhecido por sua nova tradução grega do Novo Testamento (1516), que influenciou os reformadores.

Na França, com seus quinze milhões de habitantes e sua extensa faixa litorânea propícia ao comércio, as mudanças também se processavam. A reforma nesse país começou com um magnífico professor da melhor universidade da Europa. O velho Jacques Lefèvre[13] ensinava na Sorbonne,[14] em Paris. Erudito e natural da província de Picardia, Jacques Lefèvre havia viajado pela África e Ásia. Voltara para lecionar e escrever em Paris, onde, aos setenta anos, redescobriu as verdades da Bíblia.

Em 1512, enquanto Lutero, ainda desconhecido, buscava paz para sua alma, e João Calvino, aos três anos, acompanhava sua mãe nas rondas piedosas, Lefèvre publicou sua tradução latina das epístolas do apóstolo Paulo, juntamente com um comentário. "É Deus quem salva pela graça somente", disse o velho mestre.

Entre os alunos de Lefèvre havia um moço troncudo, de barba ruiva. Vindo de uma vila nas montanhas, o aluno era ativo, destemido, vivo e vigoroso em seu modo de falar. "Meu filho", disse-lhe o velho professor um dia, "é pela graça, somente pela graça". Quase que instantaneamente, Guilherme Farel[15] compreendeu com os olhos da fé o que o erudito professor lhe dizia. Daquele dia em diante, uma ânsia audaz levava Farel por todos os cantos, proclamando as verdades da Palavra de Deus. "Deus renovará o mundo", dizia-lhe o velho Lefèvre, "e você viverá para presenciar tal fato".

---

13 Jacques Lefèvre d'Étaples (c. 1455–1536), erudito francês, professor na Sorbonne e uma das primeiras figuras da Reforma Francesa.
14 A faculdade de Teologia da Universidade de Paris, centro do conservadorismo católico-romano e inimiga ferrenha dos protestantes.
15 Guilherme Farel (1489–1565), reformador francês, conhecido por seu zelo audacioso e o principal missionário do cantão de Berna, que convenceu Calvino a permanecer em Genebra.

Outros seguiram o velho professor no afã de reaver a Bíblia. Em Meaux, perto de Paris, um bispo chamado Briçonnet abriu o Livro, encontrando ali novas respostas. Começou, então, a reformar as congregações sob sua responsabilidade. Seus sermões eram bíblicos, algo raro nas igrejas da época. Briçonnet era um homem de influência, sempre bem-vindo nos círculos palacianos, onde também falava. Margarida, a irmã do rei, converteu-se, e Briçonnet colocou uma Bíblia em suas mãos.

A animação era grande. Lefèvre traduzia o Novo Testamento para o francês, para que pudesse ser lido pelo próprio povo. Trabalhava em Meaux, animado por Briçonnet. Farel também veio a Meaux e começou a trabalhar com o povo. Os cardadores de lã e tecelões de Meaux, os camponeses e vitivinicultores da região — todos liam e conversavam sobre a Bíblia. Suas igrejas se transformaram; suas vidas também. Quando alguém se convertia naqueles dias à fé das Escrituras, dizia-se que "bebera no poço de Meaux".

À medida que a nova fé se espalhava pela França, inimigos surgiam para abafá-la. Entre eles destacavam-se dois homens de altas posições: o sagaz Noël Beda,[16] reitor da Universidade da Sorbonne, e o ambicioso Antônio du Prat, chanceler da França. Inicialmente, esses homens e seus auxiliares usaram ameaças e argumentos. Quando esses métodos falharam, começaram a empregar fogo e o laço do enforcador.

No meio da refrega estava Francisco I, o volúvel rei francês. Havia ocasiões em que ele ouvia sua irmã Margarida, que havia abraçado a nova fé com grande dedicação e intercedia sempre

---

16 Reitor da Sorbonne e um dos principais perseguidores das "heresias" protestantes na França.

pelos novos adeptos. Com maior frequência, porém, o rei era pressionado pelo grupo Beda-Du Prat, que o acusava de traição à santa Igreja por permitir o aparecimento de graves heresias no reino. Francisco I tinha mais poder do que a maioria dos reis de sua época, que se curvavam diante da vontade do Papa. Mas a França não se curvava. Seus reis regateavam frequentemente com o Papa e, às vezes, impunham-lhe condições.

Mas o combate estava travado. Lefèvre foi expulso da Sorbonne. Em 1525, seus escritos foram condenados e seu Novo Testamento queimado publicamente. Mesmo assim, ele continuava a trabalhar em Meaux. Publicações de autoria de Lutero começaram a aparecer na França, trazidas às escondidas e traduzidas para o povo. Estavam na lista negra da Sorbonne como leitura proibida, juntamente com um livrinho de autoria de Margarida, irmã do rei. Muitas outras publicações também constavam na referida lista, todas consideradas heréticas pela Universidade. Teriam que pagar caro aqueles que fossem descobertos com essas publicações em seu poder. Mesmo assim, o povo lia; os tipógrafos imprimiam secretamente; a capital francesa fervia com o conflito.

Assim era o ambiente em Paris quando João Calvino e seus companheiros de Noyon lá chegaram em meados de 1523. Pelas ruas estreitas e tortuosas da capital, João dirigiu-se à casa de seu tio Richard Calvin, ferreiro por profissão.

Era agosto, mês em que a fumaça de um sacrifício humano subia aos céus na Place de Grève.[17] Um monge agostiniano convertido foi amarrado ao pelourinho e queimado devido às

---

17 Praça principal em Paris, tristemente famosa por ser local de execuções públicas, muitas delas de protestantes.

suas "heresias luteranas". Foi o primeiro a perecer dessa maneira em Paris, o primeiro de muitos.

IV. Vida estudantil

No Collège de la Marche, em Paris, um famoso professor preferia ensinar principiantes em vez de alunos mais adiantados. "Prefiro dar aos novos rapazes um bom fundamento de latim e francês", disse Mathurin Cordier,[18] um ex-padre conhecido em toda a França como exímio mestre.

João Calvino foi um dos afortunados para quem Cordier desvendou o mundo da boa gramática. Cordier ensinava latim aos seus alunos, não permitindo que se tornasse uma língua morta. Ensinava-lhes o bom francês, libertando a língua materna das limitações que o homem da rua lhe impunha. João Calvino tornou-se grato a Cordier pelo fundamento que o capacitou a escrever fluentemente em latim e vividamente em francês.

Vinte e sete anos mais tarde, João Calvino mostrou sua gratidão ao bom mestre, dedicando-lhe o comentário à Primeira Carta aos Tessalonicenses. "É apropriado que você esteja participando dos meus labores", escreve João Calvino na dedicatória. "Quando meu pai me enviou a Paris, ainda menino... a Providência ordenou que eu tivesse o privilégio de tê-lo como meu professor por algum tempo, para que aprendesse o verdadeiro método de instrução."

O rapaz de quatorze anos também impressionou seu mestre de quarenta e seis. Tão grande foi a impressão que, muitos

---

18 Mathurin Cordier (c. 1479–1564), exímio mestre de latim e francês no Collège de la Marche, que ensinou Calvino e a quem este dedicou um comentário.

anos depois, já idoso, Cordier veio a Genebra para ensinar na academia fundada por João Calvino.

Na margem esquerda do Rio Seine, entre os colégios de Paris, havia um conhecido como o mais antigo, o mais sombrio e o mais sujo. Era o Collège de Montaigu, um educandário para o estudo de teologia. João Calvino transferiu-se para lá após três anos agradáveis no Collège de la Marche, estudando as artes e as letras.

O Collège de Montaigu era famoso, mas não por bons motivos. Era conhecido pelas pulgas, piolhos e comida ruim, e pelos açoites inclementes que puniam os alunos preguiçosos e lerdos. Não se permitia a ninguém balbuciar nenhuma palavra francesa. Somente o latim era ouvido nos corredores úmidos e escuros. João Calvino residia na casa amiga de seu tio Richard, mas os pobres internos tinham que acordar às quatro para estudar. João também tinha que acordar de madrugada para ir a cavalo àquele sombrio lugar.

"Oh! Quantos ovos podres eu lá comi!" exclamou o sábio Erasmo sobre o ano que passara no Collège de Montaigu. O grande escritor francês Rabelais tinha uma frase interessante para descrever os piolhos que habitavam as paredes, as camas e os rapazes de vestes pretas. Chamava-os: "Os falcões depenados de Montaigu."

O diretor desse educandário chamava-se Tempête. Os estudantes deram-lhe o apelido latino de "terrível tempestade". Antes dele, o diretor fora o inflexível Noël Beda, caçador de heresias e reitor na Sorbonne. Beda ainda voltava a Montaigu para ensinar a arte de debater em latim. "Como se leva um porco à feira: pela corda amarrada ao pescoço ou pelo camponês que puxa a corda?" Os rapazes aprendiam a discutir horas a fio sobre tais tópicos ou outros mais sérios.

João Calvino dedicou-se ao domínio de todas as suas matérias: os clássicos latinos, a lógica e os escritos dos teólogos da igreja, como Agostinho e Tomás de Aquino.[19] Tinha dezoito anos quando concluiu o curso e recebeu o grau de mestre. Seu estômago o incomodava com frequência. Sua cabeça às vezes doía-lhe miseravelmente. Mas sua jovem mente triunfou sobre tudo isso; estava afiada, disciplinada e pronta para ser usada.

Felizmente, João Calvino teve amizades durante aqueles anos difíceis. Ocasionalmente, encontrava-se com os amigos de casa, os irmãos de Hangest, sobrinhos do bispo. Seu primo Robert estava em Paris também. Robert deixou Noyon, converteu-se à nova fé e mais tarde ficou conhecido pelo mundo como Olivétan,[20] tradutor da Bíblia para o francês e missionário protestante nas vilas localizadas nos Alpes franceses. Ninguém sabe com que frequência os primos se encontravam para conversar sobre a Igreja de Roma e sobre as verdades bíblicas que estavam sendo comentadas por Lefèvre e Lutero.

João Calvino também consolidou novas amizades. Era admirável como um adolescente, sozinho numa grande cidade, podia ser tão querido por pessoas importantes. O rei tinha um médico suíço chamado Cop, homem de muitas letras. João era amigo íntimo de seus quatro filhos, especialmente Nicolas. Visitava a residência Cop muitas vezes, ouvindo conversas fascinantes sobre novas ideias. Visitava também o lar de Guilherme

---

19 Teólogo e filósofo (1225–1274), cujos escritos eram estudados no Collège de Montaigu.
20 Pierre Robert Olivétan (c. 1506–1538), primo de Calvino e tradutor da primeira Bíblia protestante para o francês (1535).

Após estudar artes e letras, João Calvino transferiu-se para o Collège de Montaigu, conhecido como o mais antigo, sombrio e sujo educandário de teologia.

Budé,[21] o mais brilhante pensador da França. O filho de Budé era amigo de João Calvino. Havia também outros amigos, pessoas incomuns. Seus amigos, ademais, pareciam considerar o jovem de Noyon fora do comum.

V. Mudanças políticas

Vários acontecimentos extraordinários ocorreram em Paris durante os cinco anos em que João Calvino estudou lá. Em 1525, o volúvel Francisco I perdeu uma grande batalha contra o imperador Carlos V do Santo Império Romano[22] e foi encarcerado em Madri. Enraivecido e humilhado, Francisco I permaneceu em Madri por um ano. Para ser libertado, ele teve de entregar seus dois filhos menores como prisioneiros em seu lugar. Foi uma derrota surpreendente para a França. Na

---

21 Guilherme Budé (1467–1540), proeminente humanista francês e amigo de Calvino.
22 Carlos V (1500–1558), Imperador do Sacro Império Romano-Germânico, principal poder político europeu e adversário do Rei Francisco I da França.

ausência do rei, sua mãe, Louise de Savoy, assumiu o governo. Ela não tolerava heresias, e a Universidade da Sorbonne podia contar com seu apoio.

Lefèvre, o velho mestre, fugiu para Estrasburgo, cidade germânica na margem ocidental do Reno. Farel, ocupado em Paris, fugiu para Basileia. O bispo de Meaux, Briçonnet, porém, vacilava. Embora tivesse guiado seu povo à verdade, faltava-lhe a coragem de acompanhá-la à prisão, ao exílio ou ao fogo. Em vez disso, curvou-se a Beda e à Sorbonne, reconhecendo seu "erro" e ordenando aos pregadores protestantes em seu bispado que se calassem. Assim, conservou a mitra episcopal, uma bela peça que simbolizava sua posição entre os oitenta e três bispos da França.

Mas o povo humilde de Meaux deu melhor exemplo que o bispo, não temendo o fogo. Um homem chamado Denis repreendeu o bispo antes de ser levado às chamas. O jovem Pavane falou com tanta emoção ao povo que estava ao pé da pira que um doutor da Sorbonne exclamou: "Quisera que Pavane não tivesse falado, mesmo que isso tivesse custado à igreja um milhão em ouro". Houve também o eremita de Livry, cujo sacrifício foi anunciado pelos sinos da catedral de Notre Dame. Houve ainda o cardador de lã, Leclerc, que, em seu entusiasmo mal direcionado, estraçalhou uma estátua de Maria. Por essa ofensa, os membros de Leclerc foram rasgados um por um, puxados com tenazes aquecidas nas brasas, até que, finalmente, as chamas o mataram. Será que o estudante João Calvino assistiu a essas execuções durante seus anos em Paris?

Em Roma, entretanto, o próprio Papa estava em apuros. Clemente VII, sucessor do magnificente Leão X, foi trancafiado em uma torre por sete meses, em sua própria cidade santa de sete colinas. Ele também havia perdido uma batalha contra o imperador Carlos V. Em 1527, as tropas do imperador escalaram os muros de Roma, tomaram a cidade e a saquearam. Os soldados praticavam o esporte de andar a cavalo pelas ruas, vestindo as vestes e os chapéus vermelhos dos cardeais. Documentos eclesiásticos foram rasgados para alimentar os cavalos; tesouros artísticos, danificados. Alguns menos escrupulosos invadiram o túmulo do Papa guerreiro, Júlio II, retirando o anel de seu dedo ósseo.

Enquanto Clemente VII permanecia prisioneiro em sua torre, impotente até chegar a um acordo com o imperador, uma delegação de homens da Inglaterra chegou à cidade saqueada para consultar o Papa. Seu rei, Henrique VIII,[23] conhecido por suas muitas esposas, estava pronto para livrar-se da primeira. Será que o Papa lhe concederia o divórcio da rainha Catarina? Clemente VII já tinha problemas demais e não queria agravar de maneira alguma suas relações com o imperador Carlos V. Por isso, não concedeu o divórcio ao rei da Inglaterra. Mas Henrique VIII encontrou outra solução: criou um arcebispo de Canterbury, que invalidou o casamento. No ano seguinte, Henrique VIII declarou-se chefe da igreja na Inglaterra, não desejando mais conversar com o Papa. A Inglaterra, assim, pela estranha instrumentalidade de uma mulher e um divórcio, tornou-se um país protestante.

Não somente reis e papas estavam em apuros. Em Noyon, Gerard Calvin também tinha seus problemas. Por algum moti-

---

23 Rei da Inglaterra (1509–1547), que rompeu com o Papa e se declarou chefe da Igreja na Inglaterra após ter o seu casamento invalidado.

vo, recusara apresentar certos registros contábeis. Os homens da Igreja estavam irritados com seu advogado. É possível que Gerard Calvin estivesse igualmente irritado com eles, repugnado pela cobiça e presunção. Com tais pensamentos, Gerard Calvin passou a dar mais atenção à carreira de seu filho João. Tomou então uma nova decisão, desejando que seu filho se tornasse advogado.

"Quando eu era ainda menino", escreveu João Calvino anos depois, "meu pai destinou-me ao estudo de teologia. Mas, depois, ao considerar que a advocacia geralmente trazia riqueza a seus praticantes, tal possibilidade o induziu repentinamente a mudar de propósito. Fui então retirado do estudo da filosofia para me dedicar ao estudo das leis."

Martinho Lutero, pressionado por seu pai para estudar direito, abandonou-o para ingressar em um mosteiro. João Calvino, ao contrário, jamais se opôs a esse desejo paterno. Por isso, ele se encaminhou obedientemente à cidade de Orléans, cuja universidade era famosa por sua faculdade de direito.

Em 1528, na mesma época em que João Calvino deixava Paris, um espanhol mal trajado entrava por suas portas. Inácio de Loyola,[24] aos trinta e sete anos, veio a Paris para estudar. Trouxe consigo um jumento carregado de livros, uma bolsa com algumas moedas de ouro e uma proposta de regimento para a Companhia de Jesus. A própria Virgem Maria, dizia Loyola, ditou-lhe essas regras em uma caverna perto de Barcelona. O espanhol que entrou em Paris seria um dia honrado pela Igreja

---

24 Inácio de Loyola (1491–1556), fundador da Companhia de Jesus (Ordem dos Jesuítas).

de Roma como o fundador de sua estreita e poderosa Ordem dos Jesuítas, que começou como a Companhia de Jesus.

O jovem francês que deixava Paris, com sua obra-prima ainda por escrever, seria ainda mais bem conhecido como um extraordinário campeão nas hostes protestantes, um defensor da verdade redescoberta na Palavra de Deus.

VI. Estudante de Direito

Orléans era um lugar maravilhoso, a noventa quilômetros ao sul de Paris, às margens do Rio Loire. Os estudantes da sua velha universidade eram descontraídos e alegres. Competiam no jogo de "raquetes" nas quarenta quadras de tênis, navegavam no rio em pequenos barcos à vela e participavam de banquetes e festas incontáveis. A fama do professor de direito l'Étoile e de seus colegas atraía alunos de vários países.

Mas o estudante de Noyon não participava das festas e folias. Mais do que em Paris, ele se dedicava intensamente aos estudos. Comia quase nada no jantar, a fim de manter a mente clareada à noite. Dormia poucas horas e, ao acordar, permanecia deitado por uma hora recapitulando tudo o que havia estudado na noite anterior, desenvolvendo a memória e preenchendo-a de conhecimentos. Em um ano, João Calvino era mais conhecido como professor de direito do que como estudante, lecionando, às vezes, como substituto de professores ausentes.

João Calvino estudava mais do que as matérias do curso. Em Orléans, havia um homem chamado Wolmar, de origem germânica e com inclinações luteranas, excelente professor de grego. João Calvino solicitou-lhe aulas de grego. Ao aprender a língua do Novo Testamento, ele pôde ler seus livros no idioma original, e também lia com a mesma avidez outros escritos gregos. Wolmar, possivelmente, indicava-lhe o significado de certas passagens do Novo Testamento, valiosas para Lutero e os reformadores.

João Calvino mais tarde dedicou ao seu professor de grego o comentário à Segunda Carta aos Coríntios. "Sob sua orientação", escreveu o autor na dedicatória, "acrescentei ao estudo de direito a literatura grega, da qual você era renomado mestre".

Após um ano em Orléans, João Calvino foi a Bourges, cidade destruída por César, reconstruída por Carlos Magno, e que agora fazia parte da província governada pela irmã do rei, Margarida de Navarre. Ela convidara o famoso professor de direito, Alciati, para vir da Itália lecionar na sua universidade. Wolmar, o professor de grego, foi também convidado. Ele, certamente, sentia-se mais animado a ser luterano sob a proteção de Margarida. Muitos estudantes queriam ouvir Alciati. João Calvino agregou-se ao grupo que foi a Bourges. Na casa de Wolmar, encontrou-se com um jovem tutelado daquele mestre. João Calvino tinha então uns vinte anos. Não imaginava que aquele menino de doze anos, Teodoro Beza, algum dia se postaria ao seu lado e seria o seu sucessor em uma cidade desconhecida de ambos.

Em 1531, João Calvino voltou a Paris por um curto período, onde recebeu notícias da grave enfermidade de seu pai em Noyon.

E foi assim que o filho do advogado da igreja retornou à casa na praça do mercado. A residência estava deveras silenciosa por trás das janelas de vidros esverdeados. Os homens da igreja não paravam para indagar sobre a saúde do seu advogado, pois ainda estavam de mal com ele. Além disso, seu irmão Carlos, que havia se tornado padre na região, também tinha contas a acertar com o clero. Cercado por essas penumbras, Gerard Calvin faleceu em maio de 1531. Seus filhos, conforme alguns relatos, tiveram que apelar aos cônegos da catedral para que o enterro do pai em campo santo fosse permitido, em vez de uma cova não demarcada em campo aberto.

João Calvino, com vinte e dois anos, permaneceu um mês em Noyon após a morte de seu pai. Ele e Carlos entregaram ao clero as contas que seu pai lhes havia negado. João dirigiu um ofício religioso na pequena capela de Pont l'Evêque, da qual continuava sendo capelão assalariado. Durante os dias em casa, ouvia as queixas amargas de seu irmão contra a igreja e o clero. Havia motivo de riso na barba do bispo de Noyon. O bispo recusava-se a usar uma barba curta, contrariando uma regra existente em algum cânon eclesiástico a esse respeito. Certo domingo, chegou à catedral com suas vestes esplendorosas, vestindo a mitra e carregando a cruz dourada. Os cônegos, porém, fecharam-lhe na cara as enormes portas e disseram-lhe que tomasse sua barbicha comprida e voltasse para casa. Dito e feito.

Os irmãos tiveram oportunidade de conversar sobre outros assuntos naqueles dias — as ideias do velho professor Lefèvre e os panfletos de Lutero, o inflexível Beda e seus companheiros na Sorbonne, o volúvel Francisco I e sua piedosa irmã, e a fumaça dos sacrifícios humanos em Paris e em Meaux.

João aproveitou o mês em casa para pensar também. O advogado da igreja de Noyon estava morto. Seu segundo filho, que sempre acatara sem reservas a vontade paterna, estava agora livre para decidir as coisas por conta própria. Contudo, a decisão de João Calvino não o levou à igreja, com sua cobiça e pensamento estereotipado, nem à advocacia, com suas ânsias de fortuna. A vida escolástica e acadêmica o encantava. Queria aprender mais grego e latim, usar essas línguas para ler suas literaturas no original, pesquisar os velhos manuscritos e comentá-los, e buscar o retiro de uma sala cheia de livros. O que seria melhor senão um pouco de dinheiro para alugar um quarto solitário, comprar algumas refeições modestas e vinho, e estocar papel e tinta suficientes para escrever suas ideias?

E onde, senão em Paris, seria possível viver uma vida assim? O rei Francisco I acabara de tornar Paris mais atraente para o pesquisador. Pela insistência de Budé, o rei fundara um novo Colégio de Conferencistas Reais, o que não deixou de irritar a comunidade universitária da Sorbonne. Francisco I demonstrava, assim, seu interesse no novo pensamento, chamado humanismo,[25] que estava se espalhando pela Europa.

Em todos os cantos, o povo começava a pensar por conta própria, em vez de deixar que a igreja pensasse por ele. Os que podiam, liam em latim e grego a sabedoria de séculos anteriores, utilizando tais conhecimentos como fundamentação para seu próprio pensamento. Este novo humanismo não era cristão. Tinha, porém, um grande valor positivo: estimulava o povo a pensar por si, sem aceitar cegamente o que a igreja lhe dizia. Aqueles que começavam a estudar as Escrituras por si próprios logo descobriam o quanto a igreja daquela época escondera ou

---

25 Movimento intelectual que enfatizava o retorno às fontes clássicas (latim e grego), incentivando a leitura crítica, inclusive da Bíblia nas línguas originais.

ignorara. Na vida de muitos, Deus estava usando o humanismo para levá-los de volta à verdade.

Resolvido a tornar-se pesquisador nas letras, João Calvino deixou Noyon, caminhando os noventa quilômetros que o levariam de volta a Paris. Ao chegar, um amigo ofereceu-lhe hospedagem, mas ele preferiu alugar um quarto estreito no dormitório do Collège Fortet. O quarto ficava mais próximo das faculdades onde assistiria a conferências. Uma escada caracolada dava acesso ao seu aposento, em uma sequência enfileirada de quartos semelhantes a celas, onde tanto alunos quanto professores viviam e estudavam.

João Calvino reiniciava seus estudos de grego e latim com grande avidez. Também estudava hebraico. Durante o dia, assistia a várias conferências e aulas. À noite, uma vela queimava até altas horas em sua cela de estudos. Ele estava aprendendo, estudando, escrevendo. Calvino se ambientava novamente ao círculo incomum de amigos, todos eruditos como ele. Estava de volta à casa de Cop, o médico do rei. Compartilhava a conversa erudita na residência de Budé. E não era essa a vida que ele queria?

Enquanto João Calvino se ocupava de seus livros em Paris, Ulrico Zuínglio, o reformador de Zurique, perecia no campo de batalha. Ele havia acompanhado, como capelão, as tropas protestantes de sua cidade para repelir um ataque de outras tropas suíças que lutavam pela Igreja de Roma. Ao ajoelhar-se ao lado de um homem ferido para confortá-lo, Zuínglio também foi ferido e, mais tarde, pereceu ao ser traspassado por uma lança. Vingativamente, o inimigo esquartejou e queimou seu corpo. Era 11 de outubro de 1531.

Mas o estudante em Paris, caso tenha ouvido notícia da batalha de Kappel, não lhe deu maior atenção. Estava compenetrado em seus estudos e escrevia um livro. Não poderia saber que um dia adotaria a terra natal de Zuínglio e se tornaria conhecido como um reformador ainda maior do que aquele que havia sido morto aos quarenta e oito anos, aos pés de uma pereira, em uma colina, junto à estrada.

VII. Escritor arruinado

O livro estava escrito. Levou sete ou oito meses de intenso labor, além das muitas horas em conferências e estudos. João Calvino, com o orgulho de um jovem estudioso, levou seu manuscrito ao tipógrafo. A oficina ficava sob a tabuleta dos Dois Galos. Vendeu alguns pertences para custear parte da impressão. O restante do dinheiro havia sido emprestado a ele.

O livro foi dedicado ao seu amigo de infância, Claude de Hangest, sobrinho do bispo de Noyon. Claude era agora o abade do mosteiro de Saint Eloi, em Noyon. "Aceite este, o primeiro dos meus frutos", escreveu João Calvino, "pois lhe pertence por direito, porquanto devo-lhe o que sou e o que tenho, e, especialmente, porque fui criado quando menino em sua casa".

Em abril de 1532, o livro saiu da tipografia. Era um ensaio sobre Sêneca, o filósofo romano que foi contemporâneo do apóstolo Paulo. Os eruditos da época gostavam de fazer isso: ler famosos e antigos manuscritos e escrever sobre eles. Sendo o primeiro livro de um autor com apenas vinte e dois anos, o comentário de João Calvino sobre Sêneca era, de fato, uma obra admirável. Foi escrito em excelente latim. Incluía citações de cinquenta e seis escritores latinos, vinte e dois autores gregos e sete santos padres da Igreja, além de autores contemporâneos. Havia apenas três pequenas referências bíblicas.

Mas o livro não vendia. Quase ninguém tomou conhecimento da sua publicação. João Calvino implorava aos amigos que comprassem o livro, o recomendassem a outros e solicitassem aos professores que o usassem. Enviou um exemplar ao sábio Erasmo em Basileia. Mesmo assim, o livro não era vendido. Já era ruim um jovem autor ser ignorado; pior ainda era ficar endividado pela sua publicação.

Mesmo assim, não era essa a vida que ele queria? Uma vida desembaraçada para estudar e escrever. Sim, era esse o seu desejo. Mas, pensava consigo mesmo, talvez fosse o momento propício para concluir o curso de direito, interrompido pela morte de seu pai. Suas pequenas malas de livros e outros pertences foram remetidas para Orléans. Seu dono os seguiu a pé.

A fama do magro e brilhante aluno que jamais ia às festas ainda perdurava em Orléans desde o ano em que João Calvino lá estudara. Com evidente respeito, os alunos vindos da província de Picardia o elegeram como procurador para cuidar de seus assuntos. Resmungaram, porém, quando ele deixou de promover uma festa para celebrar sua eleição, destinando o dinheiro da festa à compra de novos livros para a biblioteca da universidade. Mas sempre o respeitavam.

Novamente, João Calvino permaneceu um ano em Orléans. Saiu repentinamente, chamado a Noyon por seu irmão Carlos, cujos problemas com a Igreja aumentavam. O curso de direito estava quase concluído, mas João, aparentemente, não aguardou pelo grau de doutor. De volta à casa na praça do mercado, observava as demonstrações contra os hereges conhecidos como luteranos. Compareceu a uma reunião do clero, do qual ainda era membro oficial. Não se conhecem suas atividades em favor de seu irmão Carlos nessa ocasião.

Em setembro de 1533, João Calvino voltou a Paris, hospedando-se na Casa do Pelicano com Etienne De La Forge, um mercador de tecidos.

Dali a três meses, João Calvino estaria fugindo para salvar sua vida.

VIII. A fuga

Havia novidade em Paris.

Nicolau Cop, o jovem reitor da Universidade de Paris, fez sua palestra anual à comunidade universitária no Dia de Todos os Santos. Em vez de falar sobre os santos e a Igreja Católica, Cop usou o texto: "Bem-aventurados os humildes de espírito", dissertando sobre os evangelhos e a graça gratuita de Deus. Falou contra a perseguição àqueles que retornavam à Bíblia. Citou Erasmo, cujas obras foram banidas pela Universidade da Sorbonne. Embora não declarasse a origem de outras citações, as palavras eram semelhantes às de Lutero.

Os professores da Sorbonne ficaram furiosos. Dois monges correram ao parlamento e exigiram o julgamento do reitor. Não podiam recorrer ao rei porque Francisco I estava em Marselha, organizando o casamento de seu segundo filho com a sobrinha do Papa, que chegara de navio para encontrar-se com ele.

Havia mais uma coisa estranha sobre a palestra do reitor. Corria o boato de que Cop fora aconselhado por um jovem estudioso chamado João Calvino. Nicolau Cop e João Calvino eram amigos havia dez anos ou mais, e eram vistos com certa frequência. O que aconteceria agora com ambos, sob o ataque da Sorbonne?

Em fins de novembro de 1533, quase um mês após sua oração, Nicolau Cop dirigia-se ao palácio em cortejo acadêmico. Com sua toga de reitor e os bedéis à sua frente, levando os báculos dourados de seu ofício, iria atender a uma convocação

Vestido de camponês e com enxada na mão, Calvino foge dos beleguins com a ajuda de seus amigos.

do parlamento. De repente, um mensageiro entregou-lhe uma advertência enviada por um amigo parlamentar. "Fuja logo para salvar sua vida", disse-lhe o mensageiro, "pois a Universidade da Sorbonne acaba de persuadir o parlamento a não o libertar; o rei está ausente e não pode salvá-lo."

Nicolau Cop entrou imediatamente num beco, tirou o gorro e a toga, e desapareceu no meio de um grupo de alunos prestativos. Em uma hora, saiu disfarçado pela Porta Saint Martin. Fugiu tão depressa que levou consigo a chancela da universidade.

Essa fuga foi demais para o chefe de polícia, que logo mandou seus beleguins[26] prender João Calvino a qualquer custo. Mas os estudantes novamente derrotaram as manobras das autoridades. Enquanto alguns conversavam com os beleguins ao pé da escada, outros ajudavam João Calvino a escapar por uma janela de trás, numa corda feita às pressas com roupa de cama. Na casa de um amigo vitivinicultor, João vestiu roupas de camponês. Saiu da cidade com uma enxada nos ombros, caminhando em direção a Noyon. Os beleguins tomaram os livros e papéis, mas não o dono.

Como João Calvino se tornou um homem caçado? Até então, era conhecido como brilhante aluno, jovem autor, um erudito promissor e um homem ainda com compromissos para o sacerdócio. Quando essas ideias, compartilhadas com Nicolau Cop e condenadas pela Sorbonne, dominaram seu coração?

João Calvino ouvira essas ideias há muitos anos — de Lefèvre, Lutero, Zuínglio, cujos escritos lera. Seu primo, Olivétan, discutira tais assuntos com ele quando eram colegas de estudo. Ouviu-os da mesma forma que seu professor de grego, Wolmar, a quem muito admirava. Ouvira também, com amargura, de seu irmão Carlos, agora excomungado da Igreja pelas suas heresias. O próprio João Calvino encontrara essas ideias ao ler a Bíblia nos originais, grego e hebraico. Mais recentemente, vira essas ideias em prática na vida de mártires queimados e na residência do piedoso De La Forge, cujo lar era um lugar secreto para o encontro de crentes vindos de toda parte.

---

26 Agentes de polícia ou subordinados do chefe de polícia encarregados de executar prisões e ordens oficiais.

Por muito tempo, o coração de João Calvino não estava pronto para receber essa verdade. "O pináculo da minha vontade", declarou ele, "era desfrutar o lazer literário, com uma vida razoavelmente honrada e desimpedida".

"Mas… embora tivesse períodos de tranquilidade, eu ainda estava longe da verdadeira paz de consciência. (…) E quanto mais eu me examinava a mim mesmo, mais agudas se tornavam as picadas de consciência, até que o único consolo que me sobrava era o de tentar tudo esquecer. (…) Eu estava seguindo o caminho que havia iniciado, quando apareceu uma forma de doutrina muito diferente. Não era doutrina para afastar da confissão cristã, mas uma que nos traria de volta ao manancial, tirando, por assim dizer, os detritos e restaurando-a à sua pureza original. Ofendido pela novidade, dei-lhe ouvidos relutantes e, confesso, resisti ardorosa e apaixonadamente… Com enorme dificuldade, fui induzido a reconhecer que, durante toda a minha vida, laborava em ignorância e erro… Minha mente estava agora preparada para uma atenção mais séria. Não tardou para que eu percebesse, como se uma luz houvesse raiado sobre mim, o monturo de erros em que eu havia me emaranhado. Com grande temor e medo da miséria em que eu havia caído, e ainda mais receoso do que me ameaçava, a possibilidade de morte eterna, não podia fazer outra coisa senão seguir o Teu caminho, condenando o meu passado com não poucas agonias e lágrimas".

Foi assim que João Calvino escreveu a um cardeal, seis anos após a palestra de Nicolau Cop no Dia de Todos os Santos. Ele as colocara na boca de um convertido imaginário à fé protestante. Mas eram palavras de sua própria experiência também. Criado na igreja, trabalhava febrilmente para encontrar a paz por outros meios — dominando os estudos, escrevendo um livro, tornando-se um pesquisador humanista. Finalmente, constrangido e teimoso, ele dá meia-volta na estrada da vida, obedecendo à própria ordem de Deus. Converte-se. Assim como o apóstolo Paulo, ele caminhara pela sua estrada de Damasco.

"Deus, por uma repentina conversão, subjugou... meu coração", revela Calvino no prefácio de seu comentário aos Salmos. "Fiquei imediatamente inflamado com um desejo tão intenso de progredir na nova fé que, embora não abandonasse completamente os outros estudos, eu os buscava com menos ardor." Conclui-se, portanto, que sua mudança repentina deve ter ocorrido após o difícil trabalho no comentário de Sêneca, em que mal mencionara a Bíblia. Poderia ter ocorrido nos meses finais de estudo em Orléans. Talvez a luz tivesse raiado sobre ele enquanto residia com seu piedoso hospedeiro De La Forge na Casa do Pelicano.

Onde quer que tenha acontecido, o fato era que João Calvino, antes candidato ao sacerdócio, advogado e pesquisador secular, não mais existia. Em seu lugar, estava agora João Calvino, servo de Jesus Cristo.

IX. Entre nobres e eruditos

Desde novembro, Calvino perambulava depois de deixar Paris disfarçado de vitivinicultor. Primeiro, foi a Noyon, onde permaneceu alguns dias. Mas Margarida, irmã do rei, soube da sua quase captura. Ela persuadiu o rei, que já estava de volta a Paris, a ter misericórdia de Calvino. O homem caçado voltou a Paris e foi recebido gentilmente em audiência por Margarida. Provavelmente, visitou De La Forge antes de sair da cidade novamente.

Foi então a Angoulême, à casa de um amigo e colega de classe, Louis du Tillet. Du Tillet era um cônego na catedral daquela cidade, mas era simpático às ideias de Lefèvre. Morava numa enorme casa e herdara do pai uma biblioteca de três a quatro mil volumes, considerável para a época.

Calvino era bem-vindo ali e permaneceu por alguns meses com um nome fictício. Tinha pelo menos nove nomes fictícios que usava em ocasiões e lugares diferentes. Na casa de du Tillet, Calvino era conhecido como Charles d'Espeville.

A biblioteca de du Tillet era um retiro ideal para estudar. Calvino dedicou-se integralmente ao estudo da fé, cuja luz brilhara repentinamente sobre ele. Com satisfação, ocultou-se ali, escrevendo ao amigo François Daniel, em Orléans: "A experiência me ensinou que não podemos ver muito além de nós. Quando eu me entregava a uma vida tranquila e fácil, era então que aparecia o que eu menos esperava; e, ao contrário, quando a minha situação parecia desagradável, um plácido ninho era feito para mim, muito além da minha expectativa. Era o Senhor que assim fazia. Quando nos entregamos a Ele, Ele mesmo cuida de nós."

Mas o homem de nome fictício não permaneceria sozinho em seu sereno ninho. Homens eruditos, hospedados na casa de du Tillet, o procurariam para conversar. Mas Deus o impeliu a deixar os estudos e andar pelas cercanias, visitando os lares e vilas dos camponeses. Magro, vestido de preto, ele estava em todos os cantos. Dirigia reuniões secretas nos lares. Reunia seus entusiasmados ouvintes numa gruta perto do rio. O povo o procurava, sem se preocupar com a própria segurança, para ouvir esse homem caçado.

Em abril de 1534, Calvino visitou o velho professor Lefèvre, a quem ainda não conhecia. Lefèvre estava de volta à terra natal, residindo em Nérac, cidade sob a proteção de Margarida, rainha de Navarre. Lefèvre tinha quase cem anos. A última edição da sua Bíblia em francês fora publicada recentemente.

Diante dele estava agora esse jovem, com menos de vinte e cinco anos, já conhecido como um líder daqueles que voltavam às Escrituras. Tanto o velho quanto o jovem amavam a França. Ambos nasceram na província de Picardia, conhecida pelo seu povo corajoso. O velho havia sido o primeiro líder da Reforma Francesa. Escolhera dirigi-la por caminhos pacíficos, permanecendo na Igreja de Roma, na esperança de reformá-la de dentro. Alguns acham que o velho professor se arrependeu disso nos seus últimos anos. Dizem que ele falou ao jovem e impetuoso líder sobre a impossibilidade de enfrentar a Sorbonne, a Igreja e o palácio, e a futilidade de tentar resgatar a Igreja de Roma da decomposição e superstição em que se encontrava atolada. Teria dito a Calvino: "Você será um instrumento para o estabelecimento do Reino de Deus na França!" Sentiria que o seu manto de liderança cairia sobre os ombros do jovem que o visitava?

Ninguém sabe o que conversaram, o velho líder às portas da morte e o novo, intensamente devotado à fé que descobrira há pouco. Após a entrevista, Calvino foi a Noyon. Ele havia tomado uma resolução. O caminho do velho mestre, que esperava futilmente mudar a igreja de dentro, não era para ele. Para uma nova fé, seria necessária uma nova igreja — mas nem a fé nem a igreja eram novas. A fé era antiga, mais velha do que a cruz do Senhor. Mas estava perdida e agora fora reencontrada na Palavra de Deus. E a igreja que deveria renascer precisaria ser como a igreja primitiva, como a igreja após o Pentecostes, uma igreja de Cristo pautada pela Palavra.

Dois meses antes do seu vigésimo quinto aniversário, João Calvino apresentou-se perante o clero de Noyon, na catedral sob cujas sombras havia crescido. Afirmou perante esses clérigos espantados, muitos dos quais o conheciam desde a infância, que não estava mais disposto a ser padre. E que estava decidido também a renunciar ao seu benefício, com salário pago em milho e trigo.

Era 21 de maio de 1534. O mais famoso filho de Noyon saiu de suas portas pela última vez, seguindo pela mesma estrada que o havia levado a Paris quando menino. Não mais caminharia por aquela estrada nem entraria nesta casa situada na praça do mercado.

Seguiu o seu caminho, sem lar e sem igreja.

X. Errante e perseguido

Foi um ano de perambulações, um ano de caça.

Calvino era caçado como herege condenado ao fogo. De outro modo, era procurado por pessoas sedentas da verdade que ensinava e pregava. Recordando esses meses, Calvino escreveu: "Deus me dirigiu por tantas voltas e mudanças, que Ele nunca permitiu que eu descansasse em qualquer lugar".

Voltou a Paris, após sair de Noyon pela última vez. Não podia ficar longe dos crentes da capital. Conhecia suas senhas e seus pontos secretos de reunião. Estava de volta à casa de De La Forge, que temia pela segurança de Calvino. Cautelosamente, entrava e saía das casas dos fiéis, ensinando-os, encorajando-os, fortalecendo-os.

Calvino falava em muitas reuniões secretas, algumas vezes desmanteladas pela polícia. Também sabia escapulir pelas saídas de fundo, saltar por uma janela, sumir na escuridão, livrar-se do tiro de um trabuco. Naqueles dias, Calvino levantava as mãos aos céus e dizia no fim das mensagens: "Se Deus é por nós, quem será contra nós?" Aqueles que não escapavam da polícia — cujos lugares nas reuniões secretas estavam vazios porque aguardavam na prisão sua vez na pira de fogo — davam corajoso testemunho da verdade dessas palavras.

De La Forge insistia para que Calvino saísse de Paris. Alertava-o de que não estava seguro ali. Toda a França precisava dele. Os protestantes não tinham líder e, por conseguinte, precisavam dele. Devia viajar antes que fosse tarde demais.

Mas Calvino esperava. O povo de Paris precisava dele também. Havia, outrossim, um encontro agendado com um jovem espanhol chamado Serveto. Ele, dois anos mais novo que Calvino, negava a Trindade de Deus e ousadamente afirmava ser o possuidor exclusivo da verdade. Viera a Paris porque não encontrava convertidos às suas ideias nos estados germânicos. Esperava agora convencer o francês com quem se avistaria.

Calvino foi ao lugar combinado para o encontro. Esperou impacientemente pelo espanhol. Mas Serveto não apareceu, mas voltaria a encontrar-se com Calvino dezenove anos mais tarde, numa cidade suíça.

De Paris, Calvino seguiu para outras cidades. Dirigiu-se, primeiramente, à região dos urzais que cercavam Poitiers. Ali, palestrava e ensinava num bosque e, mais tarde, numa caverna iluminada pela luz de archotes. Dizem que foi nesta caverna que Calvino celebrou a Ceia do Senhor pela primeira vez, utilizando uma pedra chata como mesa. Fê-lo com simplicidade, citando as palavras de Cristo e sem a pompa da missa católica romana. Foi de Poitiers que Calvino enviou os primeiros missionários, três homens que deveriam pregar e ensinar onde houvesse quem quisesse escutar.

Mas a polícia novamente apertava o cerco, ao ser informada sobre o homem vestido de preto hospedado na cidade. Calvino escapou para Angoulême, na casa de seu colega du Tillet. Muitos o encontraram novamente e pediram que lhes ensinasse. "Todos os meus retiros eram escolas públicas", disse o homem que se considerava acanhado e tímido.

Seguiu depois para Orléans, onde estudara direito. Ali concluiu seu primeiro volume publicado após sua conversão. Era um pequeno livro em latim com o imponente título *Psychopannychia*. Nesta obra, Calvino escreveu contra aqueles que acreditavam que a alma dorme após a morte até o último juízo. A alma está viva e acordada, asseverava Calvino, embora tivesse deixado o corpo. Em Orléans, Calvino também escreveu dois prefácios para a tradução francesa da Bíblia feita por seu primo Olivétan. Essas composições cristãs representavam o novo Calvino, singularmente diferentes de suas palavras eruditas sobre Sêneca.

Foi mais ou menos nessa época que grandes pacotes de cartazes chegaram secretamente a Paris e a outras cidades francesas. Os cartazes, escritos em francês, protestavam contra a missa católica romana. Na manhã de 18 de outubro de 1534, os cartazes apareceram misteriosamente em muitos lugares públicos. Apareceram até no quarto real, no lugar reservado para os lenços de sua majestade. Corriam boatos de que o autor fora Farel, o reformador de barba ruiva, que os teria escrito na Suíça, onde agora trabalhava. A linguagem era dura e provocadora.

O rei Francisco I, cujo nome fora mencionado nos cartazes, resolveu vingar-se. A Igreja de Roma também não conseguia conter a sua raiva. O Caso dos Cartazes, como ficou conhecido, lotou as prisões. A fumaça de corpos queimados subia continuamente. Uma nova tortura era usada: um pelourinho de flagelação ajustado para levantar a vítima do fogo e devolvê-la às chamas, assando-a paulatinamente em vez de queimá-la de uma só vez. Em nenhum canto da França havia segurança para um protestante.

João Calvino, ainda buscando sossego para estudar e escrever, viajava em direção à fronteira germânica e ao Rio Reno. Louis du Tillet o acompanhava a cavalo, levando consigo dois empregados, após deixar seu trabalho e seus livros encadernados em couro para estar com seu amigo.

Os amigos cavalgavam para o nascente, rumo a Metz, a trezentos e vinte quilômetros de Paris. O inverno frio os castigava com vento picante. Em cada pensão onde paravam, os viajantes imaginavam a possibilidade de serem descobertos e entregues como hereges. Calvino viajava com mais dois companheiros e sofria constantes dores de cabeça e desarranjo estomacal. E, como se isso tudo não bastasse, os amigos acordaram certa manhã para descobrir que um dos empregados furtara a bolsa de dinheiro. O ladrão fugira a cavalo, deixando-os sem vintém. Não podiam pedir dinheiro sem revelar suas identidades. O outro empregado, pessoa de melhor estirpe, emprestou-lhes o suficiente para que atravessassem a fronteira e chegassem a Estrasburgo, onde Calvino tinha amigos entre os ministros protestantes. O pastor Martin Bucer lá estava ajudando os refugiados franceses que fugiam da perseguição. Calvino lhe escrevera a favor de um desses refugiados.

Talvez não houvesse paz suficiente em Estrasburgo, pois Calvino e du Tillet seguiram para o sul. Há uma história que conta que Calvino parou nesta viagem para visitar o sábio holandês Erasmo. Erasmo recuperou para o mundo o Novo Testamento ao traduzi-lo novamente do grego. Mas este grande homem, que abrira o caminho para a Reforma, descobrira que "do ovo que botou, um pássaro completamente diferente fora chocado por Lutero e Zuínglio". Erasmo recuou então da sua nova fé e fez as pazes com o Papa, que lhe oferecera um chapéu cardinalício por sua mudança de coração. Seria lembrado na história como um erudito humanista, outrora vinculado à Igreja de Roma. Quando Calvino o visitou, Erasmo estava velho, quarenta anos mais do que Calvino, e a poucos anos de sua morte. Teria recebido com indiferença o jovem líder francês que parara para visitá-lo?

No início de 1535, os amigos chegaram a Basileia a cavalo, o centro suíço de estudos e de publicações. Ali, por mais de um ano, findaram suas perambulações. Calvino encontrara, finalmente, seu retiro. Alugou um quarto numa casa suburbana pertencente à Sra. Catarina Klein, fechou a porta e trabalhou com afinco.

Assumiu o nome de Martinius Lucanius, estranhamente parecido com o de Lutero.

Somente um punhado de pessoas conhecia a verdadeira identidade de Lucanius. Uma delas era Nicolau Cop, o ex-reitor, agora residente em Basileia. Não via Calvino desde o dia em que Cop fora avisado, a caminho do palácio, de que o procuravam para prendê-lo, e Calvino escorregara por uma corda de roupas de cama para esquivar-se dos beleguins à sua porta. Longe de Paris, aguardavam ambos com ansiedade as notícias das terríveis perseguições que ocorriam em seu torrão natal.

As notícias não eram nada boas. Algum prisioneiro intimidado, para poupar sua vida, indicara as casas daqueles que participavam das reuniões secretas. O ódio caíra sobre eles, embora não tivessem afixado os audaciosos cartazes. De La Forge, aquele homem piedoso e generoso, cuja casa era um refúgio para os crentes, morrera na fogueira. Sua esposa estava na prisão. Calvino não podia imaginar a Casa do Pelicano sem esses queridos amigos. O sapateiro paralítico Milão fora jogado na carroça que o levou à morte por lenta torrefação. Calvino o conhecia bem — o homem que não podia caminhar, mas cujo meio de vida era fazer sapatos para quem podia. Du Bourg, um rico negociante que estivera nas reuniões secretas, estava morto também. E Poille da mesma forma, cuja língua fora grampeada à sua bochecha, porquanto, ao ser levado ao pelourinho, não cessava de falar sobre seu Salvador. Haveria muitos lugares vazios nas reuniões secretas em Paris.

Calvino (Martinius Lucanius), magro e concentrado, trabalhando febrilmente em sua escrivaninha em Basileia, no quarto alugado, com o manuscrito das Institutas à vista, dedicado a Francisco I.

O rei Francisco I não agia mais com volubilidade em relação aos protestantes. Os apelos de sua irmã Margarida não mais o comoviam. Mas teve ainda a bondade de soltar três ministros da prisão e mandá-los a um mosteiro. Dois deles ali se arrependeram de suas convicções protestantes e voltaram à Igreja de Roma. O terceiro, Corault, quase cego, conseguiu escapar, chegando até Basileia. Ali encontrou-se com Calvino, a quem relatou o que estava acontecendo em Paris.

Era evidente que Francisco I achara conveniente inventar uma grande mentira sobre suas perseguições. Era suficientemente sagaz para perceber que outros países, especialmente os estados protestantes da Alemanha, o odiariam por suas crueldades. Precisaria destes países como aliados seus contra o imperador Carlos V, que o derrotara em Pavia. Francisco I escreveu, pois, aos príncipes germânicos, explicando que os homens que lançara nas prisões e nas fogueiras eram da pior espécie: rebeldes, agitadores, um amontoado de anabatistas que desejavam separar a igreja do estado.

Teriam sido rebeldes e agitadores o generoso De La Forge, o paralítico Milão, os outros cujas faces Calvino conhecia, e todos os demais que ele lembrava como irmãos no Senhor? Não havia na França quem poderia falar por aqueles que morreram na fogueira. Não havia quem falasse a verdade sobre a fé dos mártires. Mas um francês no exílio podia falar.

O francês, que estava hospedado com a Sra. Klein, em Basileia, sentou-se à sua escrivaninha e mergulhou sua pena no tinteiro. Trabalhou febrilmente para concluir o que escrevia. Era o fim do verão quando escreveu a carta dedicatória. Acrescentando a carta aos seis capítulos já concluídos, Calvino foi à casa de Thomas Platter, o tipógrafo cuja oficina se encontrava na tabuleta do Urso Preto.

XI. Um livro a um Rei

O homem a quem o livro de Calvino foi dedicado jamais leu a carta de vinte e uma páginas que lhe foi endereçada. "Sua Majestade Cristã, Francisco, Rei dos franceses e seu Soberano, João Calvino, almeja paz e salvação em Cristo". Assim começava a carta, em latim. Mas 'Sua Majestade Cristã, Francisco' estava ocupado com suas amantes e bailes, com seus esquemas para fazer alianças contra seus inimigos. Talvez tivesse lido a carta e os capítulos seguintes se alguém o tivesse convencido de que o livro, após quatro séculos, ainda seria incluído entre as poucas obras que moldariam o pensamento do mundo. O rei Francisco não podia adivinhar que a carta que lhe fora endereçada seria considerada uma obra-prima de eloquência candente, lida por milhões em muitas línguas.

As Institutas da Religião Cristã, por João Calvino de Noyon, não haviam começado como um apelo ao rei da França. A intenção era ajudar os novos protestantes a conhecer as verdades da Bíblia. Ninguém da Reforma havia escrito essas verdades de forma ordenada. A grande contribuição de Lutero havia sido a tradução da Bíblia para o alemão, e ele também havia escrito sobre vários outros assuntos. A Igreja de Roma possuía um grande sistema do que considerava a verdade. O povo da Reforma tinha a Palavra de Deus, mas quem os conduziria a compreendê-la por completo?

Quem lhes mostraria o que ela dizia sobre Deus, Jesus Cristo e o Espírito Santo, sobre os sacramentos e a igreja, sobre fé e oração, sobre a lei e liberdade na vida cristã?

Um manual, um pequeno livro, estava sendo preparado pelo asilado francês em Basileia quando recebeu a notícia das mortes ardentes de seus amigos. Depois, recebeu a notícia sobre as mentiras de Francisco I. Com um repentino lampejo de propósito, Calvino percebeu como poderia defender perante o mundo a verdadeira fé daqueles que estavam sendo tão falsamente acusados. Ele viu, também, como poderia até comover o coração do próprio rei. O livro tornou-se mais que um manual de estudo. Transformou-se em uma magistral Confissão de Fé — a fé que estava sendo selada com a carne carbonizada dos mártires da França.

"Quando iniciei este trabalho, Excelência", diz Calvino ao seu rei, "nada estava mais longe dos meus pensamentos do que a ideia de escrever um livro que seria mais tarde presenteado a Vossa Majestade. Minha intenção era somente formular alguns princípios elementares pelos quais os interessados... pudessem ser instruídos sobre a natureza da verdadeira piedade. Empreendi tal labor em prol, principalmente, dos meus patrícios franceses, multidões das quais vi estarem sedentas de Cristo, mas pouquíssimos possuíam qualquer conhecimento real a respeito… Mas quando vi que a fúria de determinados homens perversos no vosso reino havia crescido a tal ponto de não deixar lugar no país para a sã doutrina, considerei que seria melhor usado se, no mesmo trabalho, lhes entregasse minhas instruções e também vos exibisse minha confissão, para que soubésseis a natureza daquela doutrina que é objeto de tanta cólera incontida por parte daqueles loucos que estão ainda agora convulsionando o país com fogo e espada…

Eu vos rogo, por conseguinte, Excelência — e certamente não é um pedido exorbitante — que tomeis para vós a compreensão cabal desta causa, que até aqui tem sido agitada, confusa e descuidada, sem qualquer ordem legal e com afrontosa paixão em vez de seriedade judicial. Não penseis que esteja eu agora delineando minha própria defesa individual a fim de operar um retorno seguro para meu país natal; porquanto, embora eu sinta por ela a afeição que todo homem deve sentir, mesmo assim, nas atuais circunstâncias, não lamento que esteja dela removido. Pleiteio, porém, a causa dos piedosos e, consequentemente, do próprio Cristo… Certamente, Excelência, não desviareis vossos ouvidos e pensamentos de tão justa defesa. (…) Esta é uma causa digna da vossa atenção, digna do vosso trono…

Que mais direi? Deveis rever, Excelência, todas as partes da nossa causa e considerar-nos piores que a mais abandonada parcela da humanidade caso não descubrais claramente que 'labutamos e nos esforçamos sobremodo, porquanto pomos a nossa esperança no Deus vivo', porque cremos que 'a vida eterna é conhecer o único Deus verdadeiro e a Jesus Cristo, a quem Ele enviou'. Por causa desta esperança, alguns estamos acorrentados, outros flagelados com açoites, outros carregados daqui para ali como palhaços, outros torturados cruelmente, outros que escapam pela fuga...".

Com a mente aguda de exímio advogado, Calvino argui cada acusação levantada contra os protestantes. Cita abundantemente as Escrituras. Cita os santos padres da igreja. Sua linguagem é, às vezes, incisiva e forte. Ele pleiteia com o rei, mas pleiteia a verdade e não tem receio de usar linguagem candente.

"Somos pacíficos e honestos", é a maneira de descrever a si mesmo e àqueles na França acusados de agitadores. "Mesmo agora no exílio, não deixamos de orar para que toda a prosperidade vos acompanhe e ao vosso reino. Aprendemos, 'pela graça divina', a ser mais pacientes, humildes, modestos. Se alguns usarem o Evangelho como um 'pretexto para tumultos', tendes as leis para puni-los. Mas não culpeis, então, o Evangelho de Deus...

Excelência, não perdemos a esperança de recuperar vosso favor se lerdes com calma, uma única vez, esta nossa confissão, que pretende ser nossa defesa perante Vossa Majestade. Se, ao contrário, porém, vossos ouvidos estiverem tão preocupados com os cochichos dos mal-intencionados a ponto de não permitir aos acusados a oportunidade de falarem por si, e se aquelas fúrias afrontosas, com vossa conivência, continuarem a perseguir com aprisionamentos, açoites, torturas, confiscações e chamas, seremos, indubitavelmente, como ovelhas destinadas ao matadouro, reduzidos às maiores agruras. Mesmo assim, com paciência, possuiremos nossas almas e aguardaremos a poderosa mão do Senhor, que incontestavelmente se manifestará a bom tempo, mostrando-se armada para resgatar os pobres de suas aflições e para punir seus desprezadores, os quais agora exultam amparados por perfeita segurança. Queira o Senhor, o Rei dos reis, estabelecer vosso trono com retidão e vosso reino com equidade".

Estas foram algumas das sentenças eloquentes que Francisco, rei da França, jamais leu.

O livro cresceu nos anos seguintes. Geralmente chamado de *Institutas*, cresceu como uma planta cresce da semente. Em quatro edições, Calvino o aumentou de seis para oitenta capítulos, constituindo quatro grandes volumes. Nada havia nos oitenta capítulos que já não estivesse na semente dos seis. O homem doente de cinquenta anos que labutaria mais tarde para concluir a edição final não interpretava a Palavra de Deus de modo diferente daquele moço de vinte e cinco anos escondido em Basileia.

Na sua última edição de 1559, as *Institutas* seguiram a ordem do Credo dos Apóstolos na discussão das "verdades da religião cristã". Três das quatro edições foram publicadas em latim escorreito. A outra, em um francês vívido e magnífico. Hoje, as *Institutas* podem ser lidas em, pelo menos, dez línguas.

Foi assim que surgiu a poderosa obra que recolheu da Palavra de Deus um completo sistema doutrinário. As *Institutas* começaram com Deus, concluíram com Deus e encontraram todas as coisas em Deus, o Deus Triúno. Calvino escreveu com clareza, com uma lógica de advogado. Escreveu eloquentemente, como um autor que maneja com perícia as suas palavras. Escreveu brilhantemente, com uma mente que apreende a inteireza da verdade de Deus, como é possível ao homem conhecê-la. Escreveu apaixonadamente, com um coração devotado inteiramente ao seu Senhor. E escreveu humildemente, pois sua vida fora resgatada do lodaçal do pecado unicamente pela graça de Deus.

Ninguém havia escrito assim anteriormente. E, posteriormente, ninguém conseguiu escrever de maneira a se aproximar da magnificência com que Calvino expôs as "verdades da religião cristã".

Mas João Calvino de Noyon não tomou conhecimento deste sucesso. Preferiu, mesmo nos dias da primeira edição, ficar às escondidas, por trás de porta fechada, usando nome fictício. "Que o meu objetivo não era a aquisição de fama, transpareceu no seguinte: logo após a publicação, saí de Basileia, e ainda do fato de que ninguém lá sabia que eu era o autor".

O pensionista da Sra. Klein, Martinius Lucanius, gastara muito de seu tempo na oficina marcada pelo Urso Preto. Lia as provas do livro, cuja página inicial dizia em latim: "João Calvino de Noyon". Era fevereiro de 1536. Quando concluiu a revisão, antes de o livro aparecer à venda em março, Lucanius e seu companheiro, du Tillet, haviam saído da cidade. Na estrada ao sul de Basileia, Lucanius tornou-se Charles d'Espeville, um nome que significa Cidade de Esperança. Du Tillet tornou-se Louis de Hautmont, que significa Montanha Alta.

Os senhores Cidade de Esperança e Montanha Alta seguiam para a Itália, terra do Papa, sede da Igreja de Roma.

XII. Viajando pela Itália e França

Num castelo no norte da Itália, vivia uma mulher francesa que teria sido rainha da França não fosse a lei que determinava que o trono era tão somente para homens.

Filha do rei Luís XII, a princesa Renée contratara o casamento com o imperador Carlos V e, depois, com Henrique VIII da Inglaterra, ambos por razões políticas.

Pelo mesmo motivo, casou-se mais tarde com um italiano, o duque Hércules de Ferrara. Hércules mantinha estreitas relações com a Igreja de Roma. A relação era bem estreita, pois ele era neto do Papa.

O duque trouxe sua duquesa para morar na Itália, em um grande acompanhamento de clarins dourados e pajens de escarlate. Apesar de seu enorme castelo em Ferrara mostrar sinais de desmoronamento e mofo, a vida da corte era divertida e extravagante, com uma sucessão interminável de bailes, banquetes e comédias. Anões, macacos e papagaios aumentavam o colorido.

A duquesa Renée levara consigo da França uma fé que não agradava ao duque. Ela aprendera com o velho professor Lefèvre, de sua prima Margarida, e de outros. De início, o duque a tolerou, não se opondo à presença de franceses em sua corte. A Igreja de Roma, contudo, não tardou, apontando-lhe seu dever. Esses franceses eram inimigos do Papa, seguindo as heresias protestantes; eles não podiam, de maneira alguma, permanecer no castelo de Hércules, neto do Papa.

O duque Hércules já começava a restringir os amigos de sua esposa quando os viajantes de Basileia chegaram aos muros de Ferrara. Presumivelmente, chegaram disfarçados de monges. A duquesa Renée os recebeu com entusiasmo. Seu secretário, um poeta chamado Clement Marot, o teria informado sobre o jovem líder dos protestantes franceses. Marot havia sido o suspeito número sete no Caso dos Cartazes em Paris e, por isso, refugiara-se em Ferrara.

Com a chegada de Calvino, a duquesa precisaria protegê-lo contra a Inquisição, que já levantava suspeitas sobre alguns de seus hóspedes. Na ocasião, ela tinha apenas vinte e quatro anos. Tempos penosos a aguardavam. Seria pressionada, voltando à Igreja de Roma. Ao recusar, seria aprisionada. Seus filhos seriam tirados e criados na fé romana. Assumiria uma aparência de obediência a Roma para retornar à sua família. Após a morte do duque Hércules, ela voltaria a seu castelo na França para transformá-lo em um hospital e em um refúgio para os protestantes perseguidos. Nas guerras religiosas francesas que se seguiriam, seu próprio genro conduziria as tropas contra os protestantes. Mas Renée permaneceria firme em sua fé.

Diante de todas essas dificuldades, seu conselheiro fiel seria o jovem vestido de preto que a animava na corte de Ferrara. Não voltaria jamais a ver João Calvino, mas seu conforto e estímulo a ajudariam a ser leal à fé. Através de cartas, frequentemente introduzidas no palácio ou na prisão às escondidas, a duquesa era encorajada por seu conselheiro espiritual.

Vinte e oito anos mais tarde, em seu leito de morte, Calvino ditaria sua última carta à duquesa, que então morava no castelo Montargi, na França. Ela estava preocupada por ser sogra daquele que lutava tão ferozmente contra os protestantes. Mas Calvino ditou-lhe, com voz que mal podia ser ouvida, uma carta tranquilizadora. "Ao contrário", dizia, "a Sra. é mais querida e respeitada do que antes, pois aquela conexão não a impediu de fazer uma confissão íntegra e pura do Cristianismo, não somente por palavras, como também por feitos tão extraordinários… Quanto a mim… tenho ainda maior admiração pelas suas virtudes".

Porém, tudo isso ainda estava escondido no futuro. Agora, em 1536, Calvino conversava com a própria duquesa. Ele esperava poder falar com outras pessoas de posição elevada na Itália. Mas era suficientemente prudente para perceber que sacerdotes e cardeais ameaçadores o cercavam. Não se adentrou, portanto, na Itália. Seu plano era vir a Ferrara para animar a duquesa, que era francesa e protestante. Esperava que Renée pudesse exercer influência ao seu redor. Tinha até esperança de que surgiria a oportunidade de falar e pregar. Contudo, nada disso aconteceu. O laço da oposição apertava também no castelo do duque Hércules.

Durante as sete semanas que permaneceu em Ferrara, Calvino escreveu algumas cartas. Uma foi enviada a Gerard Roussel, um ex-pregador de Margarida que Calvino conhecia e respeitava. O rei Francisco I o salvara da prisão e o colocara em um mosteiro junto com os outros dois pregadores de Margarida. Corault, quase cego, havia escapado para Basileia, mas Roussel confessara sua "heresia" e voltara à Igreja de Roma. Por isso, o Papa oferecera-lhe a mitra de bispo, que Roussel aceitara. Calvino não pôde resistir à vontade de escrever-lhe.

"João Calvino, a um antigo amigo, agora prelado", dirigiu-se ao novo bispo. "O que acontece a alguém que, assim como você, abandona seu capitão, foge para o inimigo e destrói o princípio pelo qual jurou dar a vida? ... É difícil e bem difícil deixar o lar da gente para se tornar um peregrino. Mesmo assim, este destino que aos homens parece tão severo é transformado pelo Senhor em puro gozo...".

Os peregrinos que estavam em Ferrara saíram repentinamente. O duque Hércules extirpava os hereges de sua corte, e a suspeita recaíra agora sobre Charles d'Espeville e Louis de Hautmont. Ambos escaparam pelos portões da cidade. Alguns supõem que o homem magro, vestido de preto, pregou ao norte, na viagem em direção aos Alpes, sendo bem-vindo em algumas vilas e enxotado de outras. Ninguém sabe ao certo o que ocorreu nesta viagem. Provavelmente, seguiram caminho pelo desfiladeiro Saint Bernard. Os córregos montanheses, inchados pelas neves derretidas, saltavam e estrondavam em seus leitos pedregosos.

XIII. E para onde iria agora?

Sabia-se que Francisco I, na esperança de converter alguns hereges protestantes, oferecera seis meses de isenção de perseguição, permitindo que os protestantes exilados voltassem a seus lares e à Igreja de Roma. Calvino aproveitou a oportunidade. Atravessou a França e entrou em Paris. Deve ter entrado com grande tristeza, recordando aqueles que ali não mais estavam para recebê-lo. Hospedou-se em um hotel. A Casa do Pelicano pertencia a outrem.

Está registrado que, em Paris, no dia 2 de junho de 1536, compareceu perante dois tabeliães: João Calvino, licenciado em Direito, constituiu seu irmão Antônio, escriturário e residente em Paris, como seu advogado geral e especial. Diante dos tabeliães,

Calvino usou seu título formal para representá-lo na liquidação da propriedade da família em Noyon. A essa altura, Calvino era considerado um pregador herege e escritor protestante, mas, perante a lei, ainda era um advogado.

Calvino também discutiu o assunto com Marie, sua irmã favorita. Sua outra irmã, fiel à Igreja de Roma, casou-se e residia em Noyon. Carlos falecera, excomungado da Igreja, sendo enterrado à noite, em uma cova desmarcada, fora da cidade.

O povo de Noyon asseverava que a família de Gerard Calvin não daria em nada. Foi uma família tão respeitada, tão fiel à Igreja-mãe. A filha do hoteleiro faleceu cedo demais para manter seus filhos no caminho da Igreja. O advogado do clero tornara-se embirrante em seus negócios com os homens da Igreja. Perecera assim, sem fazer as pazes com a Igreja. Seu filho Carlos, o sacerdote, foi um tipo desenfreado. Certa vez, esbofeteou um portador de maça[27] em um argumento sobre seu pai. Pior do que isso, porém, Carlos afastara-se do sacerdócio com amargura e abraçara a "heresia luterana". Em seu leito de morte, relativamente jovem, recusara receber o sacramento. Foi, portanto, enterrado em campo profano, sem que sua alma fosse abençoada pela Igreja. E o outro filho, bom nos estudos, aquele que, a princípio, seria padre — este João acabou sendo o pior de todos. Ele sabia escrever e falar, cativando a atenção do povo. Ensinava heresias. Queria começar outra Igreja, contra a sagrada Igreja do Papa. Queimaria um dia por suas maldades — ou na França, ou nas fogueiras do próprio inferno. Que coisa

____

27 Instrumento cerimonial, semelhante a um bastão de guerra ornamentado, que simboliza a autoridade. O portador de maça era um oficial ou guarda encarregado de escoltar e proteger dignitários, representando a autoridade deles.

horrível ele tentava fazer! E João virava as mentes do irmão caçula, Antônio, o escriturário que trabalhava em Paris, e de sua irmã, Marie. Iriam acompanhá-lo onde quer que ele fosse. Assim dizia a outra irmã, a fiel, a única da família que não se desencaminhou. As piedosas mulheres de Noyon se arrepiavam ao passar pela residência dos Calvino na praça do mercado. A que fim chegara aquela família!

João, "o pior deles", atravessava a França novamente. Os seis meses de misericórdia concedidos pelo rei terminariam logo. Não havia em sua pátria nenhum canto sossegado onde pudesse esconder-se atrás de uma porta ou de um nome falso, como fizera em Basileia. Precisava novamente de um lugar assim para estudar e escrever. Esta seria sua contribuição à nova fé protestante — escritos e livros dos quais os homens pudessem aprender e criar ânimo. Quem sabe Estrasburgo seria um bom retiro desta vez. Ou Basileia novamente.

Estrasburgo ficava para o nascente. Ir naquela direção, porém, significaria atravessar o caminho de uma guerra. O rei Francisco I estava envolvido em sua terceira guerra contra o imperador Carlos V. Canhões, carroças e outros equipamentos militares entupiam as estradas. Calvino, portanto, deu uma volta enorme, passando por Lyon, conhecida por seus cem tipógrafos, e chegando a Estrasburgo pelo sul. Tinha esperança de um dia chegar a Lausanne. Quando isso não foi possível, resolveu pernoitar em Genebra, no lado ocidental do Lago Léman.

Cansado e sujo, aproximou-se do antigo portão Cornavin, guardado por uma sentinela armada. Calvino deu-lhe seu nome, recebeu um papel recomendando-o aos proprietários das hospedarias de Genebra, atravessou a ponte levadiça e entrou na cidade. Estava fatigado e dolorido. Contudo, após um pouco de comida e um longo sono, continuaria sua viagem para o norte ao alvorecer do dia. Encontrou uma hospedaria e solicitou pousada.

$\big[$ **Parte II** $\big]$

HOMEM DE DUAS CIDADES

I. Um missionário valente e ousado

O povo mais corajoso de toda a Europa morava nas montanhas e nos vales da Suíça. Na época da Reforma, não era chamada Suíça, mas um grupo de treze estados, chamados cantões, que haviam se libertado dos duques, reis e imperadores que governavam os outros povos da Europa. Cada cantão era governado por um grupo de cidadãos. Não havia outro lugar na Europa em que o povo governasse como essa gente iletrada, porém indomável, que não aceitava ser serva de nenhum senhor.

Logo após 1500, os cantões suíços enfrentavam uma grande questão: o que fariam da Reforma? O movimento espalhava-se pelos estados germânicos e havia começado paralelamente nos cantões. Ao norte, Ulrico Zuínglio pregava com grande poder na igreja Grossmünster de Zurique. Seu primeiro sermão foi ali pregado em 1519, no Ano Novo, quatorze meses depois que

Lutero pregara suas noventa e cinco teses. Desse pequeno início, a Reforma suíça alastrou-se pelos outros cantões. Ao norte e ao leste, os cantões de língua germânica estavam debatendo se ficariam com Roma ou se passariam ao Protestantismo. Alguns se declararam fiéis à Roma. Outros preferiram a fé pregada por Zuínglio e Lutero. Como naqueles dias a igreja e o estado ainda estavam unidos, era necessário que um determinado cantão se tornasse oficialmente protestante ou permanecesse oficialmente católico-romano.

O cantão protestante mais poderoso do norte era o de Berna. Havia um urso na sua chancela oficial. Todos os cantões reconheciam que era prudente se precaverem quando o urso de Berna urrasse.

Berna iniciou trabalhos missionários nas terras e cidades sob seu controle. Tal atividade não era fácil, pois a Igreja de Roma estava disposta a lutar até a morte pelas áreas sob seu controle. O povo de Berna falava alemão. Precisava de alguém que pudesse ser enviado como missionário aos territórios do sudoeste, onde se falava francês. Enviaram, pois, um francês de barba ruiva, o fogoso Guilherme Farel. Farel havia sido convertido pelo velho professor Lefèvre d'Étaples e escapara da França após árduo trabalho em Meaux e Paris.

Guilherme Farel prosseguia com sua tarefa missionária com audácia incomum. Nada receava. "Nunca em minha vida conheci um homem tão destemido", disse Erasmo a seu respeito, que, por sua vez, havia sido taxado de adivinhador por Farel. Certa vez, quando passava uma procissão religiosa, Farel arrancou algumas relíquias das mãos de um padre e as jogou no rio. Em outras ocasiões, entrava numa igreja de Roma, subia ao púlpito e clamava mais alto que o padre que entoava a missa. Onde quer que fosse, provocava uma tempestade. De cidade em cidade, nas praças, nos lares, nos salões, trovejava a sua mensagem. Conseguia levar seu auditório a um alto ponto de animação. Com brados, censuras, murmúrios e gemidos, em linguagem singela e mordaz, arremessava suas setas aos corações da gente pacata e iletrada que afluía para ouvi-lo. Era tão tosco quanto eles; por isso, compreendiam seu jeito de falar. Esbravejava contra Roma. Proclamava as verdades bíblicas com sinceridade tão eloquente que o povo era levado a acreditá-lo imediatamente, ou a atacá-lo com fúria pertinaz.

Em algumas cidades, Farel era espancado e espezinhado; em outras, ameaçado com trabucos e espadas. Em uma ocasião, foi tão severamente esfolado que alguém de Berna relatou que sua face parecia ter sido rasgada pelas unhas de gatos enfurecidos. Mas Farel não parava. Não tinha o cuidado de permanecer no território de Berna. Caso um campo estivesse sem a semeadura do Evangelho, Farel chegava, quer Berna pudesse protegê-lo ou não.

Farel treinou um punhado de homens intrépidos para ajudá-lo. Não temiam fome, frio, morte ou qualquer outra adversidade. Não sendo enxotados, permaneciam na cidade por tempo suficiente para converter algumas pessoas à Reforma. Enviavam, então, um aviso a Berna, e seu conselho de representantes, em seguida, escrevia àquela cidade solicitando um debate público entre protestantes e a Igreja de Roma. Berna enviaria, então, algumas autoridades para supervisionar o debate; no final, o povo votaria, optando pela Reforma ou por Roma. Muitas cidades e vilas declaravam-se a favor da Reforma.

Para tais lugares, Berna enviava regras sobre os sacramentos e a liturgia. A missa era abolida. Estátuas e altares eram retirados das igrejas, caso ainda não tivessem sido derrubados pelo entusiasmo excessivo dos novos protestantes.

Em outubro de 1532, exatamente um ano após a morte de Zuínglio, Farel e um companheiro missionário atravessaram a ponte levadiça, entrando em Genebra pela primeira vez. João Calvino estava em Orléans, na França. Concluía seu curso de direito, após a pouca vendagem de seu livro sobre Sêneca.

II. A cidade do lago

Poucas cidades tinham uma localização tão bela quanto Genebra. Construída sobre a rocha e circundando um lago azul, Genebra crescera em um círculo de montanhas, algumas verdes, outras coroadas de neve e envoltas por nuvens. O lago azul recolhia as águas que rolavam das montanhas e as remetia adiante em um poderoso rio, o Ródano, que seguia rapidamente para a França e até o Mediterrâneo. Genebra se situava em uma das encruzilhadas da Europa. Importantes rotas de comércio passavam por seus portões. A cidade ficava na extremidade sudoeste dos cantões suíços, como se observasse os países ao seu redor.

Júlio César, em uma de suas famosas marchas pela Europa, descobriu Genebra cinquenta anos antes de Cristo. Ele havia construído ali alguns muros de defesa. Quatrocentos anos mais tarde, Genebra tornou-se uma cidade.

O Cristianismo já havia transformado a comunidade pagã. Igrejas foram construídas no lugar de templos pagãos. No início do século X, a impressionante catedral de São Pedro foi

Construída sobre a rocha e circundando um lago azul, a bela Genebra crescera
em um círculo de montanhas nevadas e atravessada pelo Rio Ródano

erguida no ponto mais alto da cidade. Com formato de cruz, suas torres quadradas, parecendo fortalezas, destacavam-se contra a magnífica paisagem montanhosa.

Genebra ainda lutava por sua liberdade quando Farel a visitou pela primeira vez. A cidade não pertencia a nenhum cantão e lutava desesperadamente para se tornar independente. Durante cento e cinquenta anos, Genebra conquistou cada vez mais poder para seus habitantes, desafiando o controle do bispo e do duque que desejavam governar a cidade. Mas a luta foi sangrenta.

O duque Carlos III de Savoy governava as terras vizinhas. Os castelos da região serviam como suas cidadelas. Ele havia até capturado o castelo situado na ilha, no meio do rio que dividia a cidade em duas partes. O bispo governava os habitantes como chefe da Igreja à qual todos pertenciam. Ele era o inimigo na cidade até sua mudança para um palácio mais confortável na encosta de uma montanha. O duque era o inimigo externo.

Os patriotas de Genebra lutavam amargamente contra o duque. Finalmente, em 1525, o duque Carlos III sitiou a cidade com um grande exército. Os patriotas fugiram durante sua entrada triunfal. Os que permaneceram juraram fidelidade ao duque, pois o que mais poderiam fazer diante das machadas de cabo longo que os soldados do duque levantavam sobre suas cabeças? Os patriotas, no entanto, voltaram. Reuniram-se em conselho e repudiaram o voto ao duque. Atordoado pela oposição repentina, o duque fugiu inesperadamente de Genebra sem oferecer batalha. Nunca conseguiu retornar.

Genebra, então, voltou-se aos fortes cantões de Berna e Friburgo, estabelecendo uma aliança com eles. Essa aliança de 1526 contribuiu para que Genebra se livrasse do duque para sempre. Mas Berna era protestante, enquanto Friburgo favorecia Roma. No futuro, quando a batalha em Genebra se transformasse em luta religiosa, a cidade no lago ficaria novamente sozinha.

Farel entrou em Genebra em 1532. Ele alugou um quarto na pensão Tour Perce e logo saiu para avisar sua chegada. No dia seguinte, falou a um grupo que se reuniu na pensão para ouvi-lo. No segundo dia, falou a uma multidão. Os novecentos padres de Genebra começaram logo uma contraofensiva. Eles conheciam bem o dano que o ousado missionário havia causado à Igreja de Roma em outros lugares.

O conselho de representantes da cidade não podia expulsar Farel, pois o missionário trazia salvo-conduto de Berna, aliada de Genebra. Os padres não desistiram: reuniram uma turba e cercaram Farel e seu companheiro em uma das ruas. Com aplausos e gritos, empunhando paus e lanças, os atacantes teriam matado os missionários se uma tropa de soldados não tivesse chegado a tempo para dispersar o tumulto e escoltá-los até a pensão. Um guarda permaneceu a noite inteira junto à porta do seu quarto. Cedo, pela manhã, amigos de Farel os levaram em um barco para o outro lado do lago, deixando-os em lugar seguro.

Guilherme Farel estava acostumado com tais recepções. Elaborou um novo plano para Genebra. Em poucas semanas, avisos apareceram em vários pontos da cidade. O povo lia

Guilherme Farel, gesticulando vigorosamente em meio a uma multidão na praça pública.

com interesse: "Um jovem recém-chegado nesta cidade dará instrução na leitura e escrita da língua francesa a todos que quiserem, grandes e pequenos, homens e mulheres, mesmo àqueles que nunca foram à escola. Caso não aprendam a ler e a escrever em um mês, ele não receberá nenhuma recompensa por seu trabalho. Ele pode ser encontrado no Boytel-Hall, perto da Praça Molard, onde se vê a Cruz Dourada. Cura também muitas doenças de graça."

A sala alugada na tabuleta da Cruz Dourada logo ficou repleta de alunos. O professor, um jovem de vinte e um anos, chamava-se Antônio Froment. Ele era um dos auxiliares de Farel, trabalhando secretamente. Ele ensinava francês como havia prometido, mas o mesclava generosamente com pequenos sermões e comentários sobre a Bíblia.

A sala transbordava. O povo afluía para ouvir o jovem mestre. No dia de Ano Novo de 1533, o grupo era tão grande que Froment foi conduzido à Praça Molard, um local frequentemente usado para reuniões. Ele subiu em uma banca de peixe, ao ar livre no inverno frio, e pregou ao povo sobre o texto: "Acautelai-vos dos falsos profetas".

Ele ainda pregava quando um grupo enraivecido, liderado por padres armados, invadiu a Praça Molard. Froment refugiou-se na casa de um boticário, cujas janelas foram logo estraçalhadas. Assim como Farel, Froment teve de sair de Genebra às pressas, escondido pela escuridão da noite. Mas a semente plantada pelos dois franceses germinou e cresceu.

A luta religiosa, de fato, começava agora. Berna, o cantão protestante, entrou na disputa com uma carta aos conselhos de Genebra: "Excelências, deixai a verdade tomar livre curso". Na cidade, o povo estava dividido.

À luz de archotes, setecentos padres, cônegos e outros seguidores de Roma se reuniram e juraram matar todos os protestantes de Genebra. No dia seguinte, eles se reuniram em frente ao altar-mor de São Pedro, liderados pelo cônego Wernli, que trajava uma couraça. Ao repique do grande sino Clemence, o exército de setecentos homens marchou da catedral, empunhando estandartes, cruzes, machadas, lanças e bordões. Desceu pelas ruas até a Praça Molard, recebendo reforços pelo caminho. Mulheres surgiram com seus aventais carregados de pedras. Adolescentes engrossaram as fileiras. Todos se alinhavam, preparados para a batalha, aguardando o início do conflito.

Os protestantes também reuniram suas forças em uma grande casa pertencente a um de seus adeptos. Saíram ao encontro de seus concidadãos, alinhados em cinco fileiras. Com armas em riste, ambos os lados se encontraram em lados opostos da praça. Foi nesse ponto que, espantosamente, sete negociantes de Friburgo puseram fim à luta antes que ela começasse. Eles se postaram entre os dois lados, implorando-lhes que fizessem as pazes em vez de brigarem, vizinho contra vizinho. Os padres foram os últimos a se convencerem. Mas, finalmente, todos os armados voltaram para casa. Essa paz inquieta durou cinco semanas.

Mais uma vez, ao entardecer de um dia de maio de 1533, o Cônego Wernli tirou suas vestes litúrgicas e afivelou sua couraça e espada. Seguido por alguns padres armados, ele chegou à Praça Molard ao crepúsculo. A notícia espalhou-se pelas ruas estreitas. O sino de alarme repicou, assustando a todos. Protestantes e seguidores de Roma correram para participar da luta. Na escuridão, o cônego Wernli brandia a espada para a esquerda e para a direita em meio à multidão. A briga durou pouco. Alguns foram feridos, e logo todos recuaram para seus lares. Todos, menos o cônego Wernli, cujo corpo foi descoberto na manhã seguinte. Seu corpo jazia morto na soleira de uma porta, com uma lança delgada fincada entre as juntas de sua couraça.

Esse incidente gerou mais tumulto. O cônego Wernli pertencia a uma nobre família do cantão católico-romano de

Friburgo. O conselho de Friburgo exigiu o castigo de todos aqueles que haviam lutado contra o cônego. Matai-os, disse o conselho, ou romperemos nossa aliança com a vossa cidade. Foi nesse momento que Berna, simbolizada pelo urso e também participante da aliança tripartidária, interveio.

Estranhamos o vosso tratamento para com os protestantes da vossa cidade, disse Berna à sua minúscula aliada, Genebra. Expulsastes "nosso servo, Senhor Guilherme Farel", da vossa cidade. Causastes aborrecimentos ao nosso servo Froment. Convidastes à vossa catedral um professor da Sorbonne em Paris que "pregou somente mentiras, erros e blasfêmias contra Deus, a fé e contra nós, ferindo a nossa honra, chamando-nos de judeus, turcos e cachorros". Não estamos dispostos a suportar tudo isso. Estamos enviando uma delegação a Genebra para se encontrar com os vossos conselhos e para organizar um debate público a fim de que todo o povo possa ouvir.

O conselho de Berna enviou, em seguida, seu missionário solteiro de barba ruiva para pregar e participar do debate público solicitado. Farel reapareceu em Genebra em dezembro de 1533, carregando seu púlpito portátil, que era montado onde quer que desejasse pregar. Froment, o professor, também estava de volta. E um terceiro pregador, natural da Suíça, chegou à cidade: Pedro Viret. Este, Pedro Viret, era um homem erudito e amável, respeitado em todos os lugares por onde passava. Em suas costas, ele carregava a cicatriz de uma lesão infligida por uma lança nas mãos de um padre.

Os conselhos de Genebra enfrentavam dificuldades. Precisavam tomar uma decisão. Caso recusassem um debate público, a delegação de Berna romperia sua aliança com a cidade. Caso concordassem com o debate, estariam contribuindo para o estabelecimento da Reforma em Genebra.

Entretanto, o número de protestantes aumentava. Por algum tempo, Farel havia pregado em uma grande casa que podia receber quatrocentas pessoas. Os protestantes haviam então marchado em massa para ocupar o Convento de Eive, que podia receber quinhentos ouvintes. Viret batizava os convertidos e falava contra a ordem dos padres de que todas as cópias da Bíblia fossem queimadas.

Os Conselhos, finalmente, concordaram com a disputa pública em São Pedro. Durou uma semana e constituiu-se em uma vitória para os protestantes. Mas, antes que a causa protestante pudesse ser submetida ao voto da cidadania, o duque de Savoy reapareceu nas proximidades da cidade. Ele havia feito um acordo com o bispo impopular. Friburgo havia rompido sua aliança com Genebra. Berna estava à margem, relutante em se envolver contra o duque, pois Carlos III ostentava o apoio do imperador Carlos V e do Papa. Genebra estava agora sob gravíssima ameaça.

Os castelos do duque ao redor de Genebra estavam repletos de homens armados. O duque enviou um ultimato ao Conselho da cidade: Livrem-se dos três pregadores, ordenou o duque. Recebam o bispo de volta. Voltem a obedecer à igreja-mãe, e não enviarei meus exércitos para os destruir.

Berna enviou seu parecer à pequena cidade. Seria mais prudente, aconselhou, submeter-se ao duque do que ser esmagada. Os cantões suíços se reuniram e enviaram orientações aos conselhos de Genebra. Deveis vos submeter, diziam os cantões, pois não podeis enfrentar o duque, o bispo, o Papa e o imperador.

O povo de Genebra percebeu claramente o significado do ultimato do duque. Não era tanto uma questão religiosa. Era a escolha entre a liberdade e o cativeiro. Viver sob a tirania do duque, que havia se aliado ao bispo e a Roma — poderia Genebra se submeter a tanto, após ter lutado com tanto ardor por sua liberdade?

O Conselho tomou uma decisão, representando a vontade do povo. Não nos submeteremos, respondeu Genebra, ao duque e a seus aliados. Preferimos ser enterrados sob os escombros de nossa cidade a perder nossa liberdade.

III. Luta pela liberdade

Era agosto de 1534, quando os cidadãos de Genebra decidiram derrubar os quatro subúrbios fora do muro. Queriam que o exército do duque não tivesse onde se abrigar ao se aproximar da cidade. Isso implicava sacrificar metade da cidade para salvar a outra, pois seis mil pessoas residiam nos subúrbios sombreados. Dia após dia, os habitantes arrasavam casas, mansões, igrejas e mosteiros. Usavam as pedras para consertar o muro da cidade. Os sinos das igrejas foram derretidos e transformados em balas de canhão. Deixando uma vasta área arrasada ao redor, os habitantes de Genebra se amontoaram dentro do muro da metade da cidade que restava. Atravessaram o inverno aprimorando suas defesas. Os homens construíam com a terra e as pedras que as mulheres lhes levavam. Farel e Viret estavam nos baluartes com o povo, animando-os, ocupando suas posições nas vigílias noturnas e participando dos trabalhos.

Em abril de 1535, alguém tentou envenenar os pregadores. Viret ficou gravemente doente. A empregada da casa onde os pregadores estavam hospedados confessou ter colocado veneno na sopa de espinafre. Farel havia sido chamado antes de comer a sopa. A empregada foi julgada e condenada à morte pelo Conselho. Os padres foram acusados de a terem subornado. Na cidade, tensa e apinhada, esse fato produziu uma forte reação a favor dos pregadores.

Entretanto, o duque fazia o possível para atemorizar Genebra. Interrompia o suprimento de mercadorias para a cidade. Capturava as pessoas que se aventuravam a sair do muro, levando-as para serem torturadas ou morrer nas masmorras de seus castelos. Mas demorava a enviar seu exército.

Um segundo debate público começou em São Pedro no mês de junho. Durou quatro semanas. O povo acorria para ouvir os pregadores defenderem a fé protestante contra dois monges que chegaram atrasados para defender a Igreja de Roma. Os monges não tinham capacidade de concorrer com os pregadores. O povo aplaudia a causa protestante. No domingo, 8 de agosto de 1535, em uma grande manifestação, Farel foi carregado pela rua que levava a São Pedro. O povo se aglomerava nas portas e transbordava na praça enquanto Farel pregava o primeiro sermão protestante no púlpito da catedral.

No dia seguinte, Farel foi convocado a comparecer perante os conselhos. Pleiteou o reconhecimento oficial da fé protestante. "Nos submeteremos alegremente à morte em vossas mãos", disse Farel, "se for provado que pregamos qualquer coisa contrária às Sagradas Escrituras." Ajoelhou-se, então, e orou com os conselhos. A sala estava em silêncio quando ele se levantou.

Os conselhos também convidaram representantes do clero católico-romano para falar a favor da sua fé. Mas esses homens demoraram a aparecer. E, quando apareceram, deram a impressão de desleixo e indiferença. Um deles disse francamente que se consideravam homens sem preparo, ensinando apenas o que seus pais lhes haviam contado.

Diante de tais provas, o Conselho de Genebra tomou outra decisão momentosa.

Por um edital de 27 de agosto de 1535, a religião de Roma deixou de ser a religião oficial de Genebra. A missa não era mais celebrada. As estátuas e altares, porventura ainda existentes, foram retirados das igrejas. Um dos mosteiros foi transformado em uma escola primária, com matrícula obrigatória para as crianças. Foi a primeira escola desse tipo em toda a Europa. Outro mosteiro foi transformado em um hospital.

Padres, monges e freiras tiveram a oportunidade de escolher entre ficar ou sair da cidade. Muitos preferiram ir embora. As freiras do convento de Saint Claire pareciam temer que seriam forçadas a casar, caso ficassem na Genebra Protestante. Por isso, saíram também. Mas algumas não viam o exterior do convento havia cerca de trinta anos. Por isso, fizeram uma viagem tenebrosa pelas montanhas, imaginando que cada ovelha ou boi fosse um animal feroz.

A Reforma chegou a Genebra, portanto, de mãos dadas com a liberdade, da qual nenhum habitante da pequena cidade estava disposto a abdicar.

O duque tinha apressado a decisão. Como o duque estava ao lado do bispo e do Papa, aqueles que prezavam a liberdade inclinavam-se pelos três pregadores e pela fé protestante. O duque estabelecia agora um bloqueio completo, com seus navios no lago e seu exército cercando a cidade. Dentro do muro de Genebra, o povo aglomerado sentia a fome se aproximar. Um mensageiro conseguiu furar o bloqueio do duque e levar um apelo para Berna. Enquanto o Conselho de Berna discutia o assunto, chegou a notícia de que os soldados do duque haviam saqueado alguns distritos de Berna, próximos a Genebra.

Para proteger seus próprios direitos, Berna não hesitou mais: declarou guerra ao duque e marchou para Genebra com seis mil homens armados. Até o rei Francisco I entrou na refrega, levando a França a se declarar em guerra contra o duque. Francisco I conquistou a capital do duque e duas de suas províncias mais ricas durante a ausência deste, enquanto ele estava em Genebra.

Em fevereiro de 1536, as tropas de Berna chegaram aos portões de Genebra. A cidade do lago estava salva!

Farel começara a introduzir nova liturgia, nova pregação e novos regulamentos na recém-protestante cidade. O Conselho convocou o povo à catedral de São Pedro. Todos ficaram de pé e juraram, com as mãos levantadas aos céus, que viveriam de acordo com as leis do Evangelho, abandonando os caminhos de Roma. Era domingo, 21 de maio de 1536.

O ano 1536...

Em Basileia faleceu Erasmo, o sábio holandês que havia apontado o caminho para as Escrituras e depois se desviado dele. No mesmo ano, na cidade francesa de Nérac, faleceu

Lefèvre, o velho mestre, a "estrela-d'alva" da Reforma, que havia vivido mais de um século em um mundo atribulado. Foi o ano em que, na Inglaterra, Ana Bolena, a segunda rainha de Henrique VIII, teve a cabeça decepada na Torre de Londres. Foi também o ano em que um jovem viajante teve de dar uma grande volta entre Paris e Estrasburgo. Em uma noite de agosto, parou para dormir em Genebra, que ainda se recuperava da luta contra o duque.

O viajante chegou para uma noite de descanso. Pretendia continuar a viagem, sem ser reconhecido. Mas Deus tinha outros planos.

IV. O certo

Dois homens argumentavam. O mais velho, troncudo e mais baixo, era quem mais falava. Ficava de pé, sentava, caminhava de um lado para outro. Gesticulava com os braços e batia na mesa com o punho. Suas palavras lhe jorravam da boca como torrente incontrolável. Falava como trovoada. Sussurrava roucamente.

O outro homem, mais moço, estava sentado numa cadeira. Pálido e magro, seus olhos penetrantes brilhavam na face barbada. Sacudia a cabeça. Levantava a mão para interromper. Protestava, quando encontrava uma brecha. Não posso fazê-lo, dizia. Não é para mim.

Sou acanhado e tímido. Fico com medo diante das dificuldades. Além disso, estou frequentemente doente. Uma sala de estudos é o lugar para mim. Sou um homem de letras. Como poderia me comprometer com uma igreja se me sinto chamado a servir todas? Não pode exigir isso de mim. "Em nome do

Senhor", tenha piedade de mim e permita-me "servir a Deus de outra maneira".

A vela na mesa continuava a queimar. E o argumento prosseguia. Finalmente, o mais velho, apontando aos céus, vociferou: "Digo-te, em nome de Deus todo-poderoso, que estás apresentando os teus estudos como pretexto. Deus te amaldiçoará se não nos ajudares a levar adiante o Seu trabalho, pois, doutra forma, estarias buscando a tua própria honra em vez da de Cristo!".

O homem dos olhos penetrantes abaixou a cabeça. O silêncio dominava o quarto. Cessara a discussão. "Senti… como se Deus tivesse estendido a Sua mão do céu em minha direção para me prender… Fiquei tão aterrorizado que interrompi a viagem que havia encetado… Guilherme Farel me reteve em Genebra". O viajante, João Calvino, concordou em ficar.

Que desejava o ousado e fogoso Farel de um homem adoentado com somente vinte e sete anos de idade? Farel, que estava acostumado a conquistar homens e cidades, que necessidade tinha daquele homem acanhado, vinte anos mais jovem?

Ninguém podia conquistar uma cidade para o Evangelho como Guilherme Farel. Uma vez conquistada a cidade, o trabalho começava de verdade. Seguiam-se o planejamento cuidadoso, a firme liderança e a edificação. Farel não era o homem para essa atividade; ninguém sabia isso melhor do que ele mesmo. Era magnífico numa batalha. Mas se perdia completamente na rotina diária de planejamento e consolidação. Não podia dar a liderança firme e constante que uma cidade explosiva como Genebra precisava.

A Reforma em Genebra já começara a ter seus problemas. O povo, que sacrificara tudo para não se submeter ao duque, voltava agora à vivência normal de cada dia. Muitos voltaram à vida desenfreada que antes dava fama à cidade. Estavam dispostos a esquecer a fé protestante, que chegara à cidade juntamente com a luta pela liberdade.

Enquanto o duque estivera às portas da cidade, todos tinham se unido numa causa comum. Os diferentes grupos voltavam agora à tona, odiando-se mutuamente e tramando para assumir o controle do Conselho de Representantes. Havia os novos protestantes. E havia os que se chamavam de patriotas verdadeiros. Os patriotas não se conformavam com a importação de pregadores franceses para dirigir a nova igreja protestante.

Em meio a todo esse sentimento, Farel e seus auxiliares perdiam sua influência. O povo não gostava de leis que os obrigassem a uma determinada forma de comportamento. Eram todos, oficialmente, membros da igreja protestante. Mas quantos havia cujos corações inflexíveis permaneciam inalterados! E o que aconteceria a esta nova cidade protestante se alguém não arquitetasse os planos para transformar a cidade rebelde numa cidade de Deus?

Foi Du Tillet, amigo de Calvino, quem contou a Farel que Calvino passava a noite em Genebra. De repente, Farel viu a solução para os seus problemas. Ali estava um líder da Reforma, um homem na flor da idade, brilhante, cujo preparo em direito o capacitava a tratar com os conselhos e as facções da cidade. Sobretudo, ali estava um homem que compreendia os ensinamentos bíblicos melhor do que qualquer outro da época. Este homem poderia ensinar a Palavra de Deus a outros.

Apontando aos céus, Farel vociferou: "...Deus te amaldiçoará se não nos ajudares a levar adiante o Seu trabalho, pois, doutra forma, estarias buscando a tua própria honra em vez da de Cristo!".

Auxiliado pelo Espírito Santo, poderia transformar as vidas dos habitantes de Genebra. Calvino era a resposta de Deus para o problema de Genebra. Farel não tinha dúvidas sobre isso. Correu depressa pelas ruas estreitas até a pensão onde Calvino se hospedara.

Calvino concordara em ficar. Disse aos irmãos em Genebra que precisava ir primeiramente a Basileia para trazer um parente e seus pertences. Visitaria algumas igrejas a caminho. Dentro de poucas semanas, estaria de volta a Genebra para fixar residência.

Calvino cumpriu sua promessa. Mas, "logo que voltei a Genebra", escreveu a um amigo na França, "um resfriado violento me atacou, afetando as gengivas superiores. Mesmo após nove dias, não me senti melhor, embora tenha sido sangrado duas vezes, tomado uma dose dupla de pílulas e recebido a aplicação de vários cataplasmas."

Tal introdução a Genebra não foi muito auspiciosa. Levantou-se da cama para começar seu trabalho de aulas diárias em São Pedro. Seu título era suficientemente pomposo: Professor de Sagradas Letras. Mas era um professor sem salário. Em setembro de 1536, Farel requereu ao Conselho da cidade que empregasse Calvino como professor das Escrituras e o pagasse por seu trabalho. O Conselho atendeu ao pedido, mas somente em fevereiro do ano seguinte é que lhe deram o primeiro pagamento. Entretanto, nas atas do Conselho, a referência a Calvino se restringia a "aquele francês". Ou era bastante desconhecido, ou o secretário do conselho não sabia seu nome.

Todas as tardes, Calvino subia pela pequena rua íngreme que levava à catedral. Ali dava palestras no imenso auditório, agora despido de suas imagens e altares. Um pequeno grupo ia ouvir suas conferências sobre as epístolas de Paulo. Além de seus estudos e correspondência, Calvino trabalhava em uma versão francesa das *Institutas*.

Calvino meditava também sobre o que ocorria ao seu redor. Com tristeza mesclada à raiva, Calvino via o povo de Genebra voltar à vida que abandonara durante a luta contra o duque. As tavernas estavam sempre repletas. Bêbados cambaleavam pelas ruas. Dados chocalhavam alegremente nas rodas de jogo. Os homens não guardavam segredo quanto às suas amantes e ao uso que faziam das prostitutas. Plataformas eram montadas nas praças para longos períodos de danças. Calvino achava que o povo se vestia espalhafatosa e imodestamente. Os homens trajavam culatras talhadas em vez de túnicas modestas. As mulheres exibiam suas sedas e joias com estilos insinuantes.

Tudo isso em uma cidade que fora oficialmente declarada protestante! Muitas dessas pessoas haviam solenemente levantado suas mãos em São Pedro, jurando viver pela Palavra de Deus. Pertenciam todos à Igreja de Genebra. Como poderia um asilado francês, mal conhecido entre eles, começar a ensinar-lhes a fé que não conheciam? Como poderia conduzi-los a uma vida de consagração tão diferente da imoralidade diária que praticavam?

Talvez o texto dos dias de perseguição na França tivesse servido de consolo a Calvino nesses dias: "Se Deus é por nós, quem será contra nós?" Quem, deveras!

V. Vitória em Lausanne

No final de setembro de 1536, Calvino e Farel viajaram para o leste, contornando o lago até Lausanne. Lá encontraram-se com Viret, agora pastor daquela cidade. Berna patrocinava um grande debate em Lausanne. O debate visava resolver a questão religiosa nos territórios vizinhos que Berna havia conquistado do duque. Mais de trezentos padres desses territórios foram convidados. Dos cento e setenta e quatro que compareceram, apenas quatro padres levantaram-se para participar do debate. Farel e Viret seriam os porta-vozes da fé protestante, acompanhados por Calvino, que não esperava participar.

A população dos territórios recém-conquistados deixou suas roças e vilas. Encheram as hospedarias de Lausanne. O voto sobre sua religião dependeria deles. Não queriam, portanto, perder a oportunidade de ouvir os argumentos de ambos os lados.

O rufar de tambores anunciou o início do debate em 1.º de outubro. Farel abriu o debate com um sermão dominical. O debate prosseguiu na segunda-feira, às sete da manhã. A população espremia-se na catedral para ver e ouvir. Os participantes sentaram-se no centro da igreja. Para oficializar o debate, estavam também presentes cinco delegados de Berna, trajando gibões pretos, meias vermelhas e chapéus de aba larga com penachos. Os secretários tinham suas penas prontas para registrar o debate.

Farel apresentou dez teses para debate. Os argumentos continuaram por uma semana. Em um dos dias, um defensor de Roma discorria sobre a presença real de Cristo na Santa Ceia. Acusou os protestantes de ignorarem o que os santos padres da Igreja escreveram sobre o assunto. "Se conhecêsseis a opinião deles", dizia o defensor de Roma, "veríeis vosso ponto de vista condenado".

Isso era demais para Calvino. Todas as horas de estudo dos santos padres em Paris vieram agora socorrê-lo. Levantou-se e começou a refutar o defensor de Roma. Citou, com memória magnífica, Cipriano, Tertuliano, Crisóstomo, Agostinho e muitos outros. Ele não citava apenas por autor. Calvino identificava, ademais, o livro ou o escrito onde tais citações poderiam ser encontradas. Apresentou tudo com argumentação perfeita. Quando terminou, houve um reboliço entre a assistência. Alguns se empurravam para conseguir uma melhor visão do homem pálido e magro que lhes era desconhecido.

Um monge franciscano bradou que essa era a verdadeira doutrina. Clamou a Deus que o perdoasse, pois havia seguido os ensinamentos falsos de Roma por tanto tempo. Muitos outros concordaram com ele, embora não tivessem bradado. Nos meses seguintes, cento e vinte padres e oitenta monges da região de Lausanne aceitaram a fé protestante, que se tornara a religião oficial.

Calvino viajou a cavalo, logo depois, para Berna. Ainda se recuperava de um resfriado que não melhorava nos ventos picantes de outubro. Em Berna, discutiu-se o problema da unificação de todas as pequenas paróquias suíças, a fim de que cada uma não vagasse em interpretações próprias da fé reformada. Calvino tornava-se conhecido. Era considerado um líder. Mesmo a população de Genebra afluiu em grande número para ouvi-lo após sua volta.

Chegara a hora da edificação da Igreja de Genebra. Calvino, sentado à sua mesa na casa escura e pequena nos arredores de São Pedro, introduziu sua pena no tinteiro e começou a escrever.

O primeiro resultado foi uma Confissão de Fé com vinte e um artigos. Por meio dela, Calvino esperava esclarecer à população de Genebra o que havia prometido sustentar ao jurar fidelidade ao Evangelho. A Confissão foi apresentada ao Conselho em novembro de 1536, que a recebeu para estudo. Os pregadores requereram que a população jurasse viver conforme a Confissão. Alguns conselheiros reclamaram que a população não devia ser forçada a jurar algo em que não acreditasse. Por fim, contudo, o assunto foi aprovado.

Em cada distrito da cidade, rua por rua, casa por casa, os capitães distritais reuniam os habitantes e os conduziam a São Pedro. Dez de cada vez postavam-se diante do secretário do Conselho, que estava no púlpito, registrando os nomes dos que faziam o juramento. A população vinha dia após dia, jurando fidelidade às verdades da Confissão de Fé.

Contudo, nem todos compareceriam. As murmurações tornaram-se mais intensas. Acaso lutamos contra o duque e o bispo apenas para nos tornarmos escravos dos pregadores que estão dentro de nossos muros? Os descontentes perguntavam. Quem deu poder a esses franceses sobre nós? Os seguidores remanescentes de Roma agitavam a população. Os amantes da vida fácil, conhecidos como libertinos, queixavam-se por perceberem que os pregadores estavam dispostos a viver pela confissão. Os nacionalistas enfureciam-se com o que os estrangeiros faziam para controlar a cidade.

Entretanto, outro documento, cuidadosamente elaborado, saiu da pena de Calvino. Foi levado à sala do Conselho por Calvino e Farel, ambos trajando suas túnicas pretas. Um arauto guardava a porta do Conselho, sentado sobre um leão de madeira e segurando um cajado prateado como sinal de autoridade. Ele permitiria a entrada dos pregadores na sala do Pequeno Conselho, o primeiro dos conselhos que governavam Genebra. Os quatro síndicos, os mais importantes oficiais da cidade, eleitos pela população, eram membros do Pequeno Conselho, composto por vinte e cinco homens. O segundo conselho era o Conselho de Duzentos, cujos membros eram eleitos pelo Pequeno Conselho, que, por sua vez, elegia os membros do próprio Pequeno Conselho, com exceção dos quatro síndicos e do tesoureiro da cidade. O terceiro era o Conselho Geral, do qual faziam parte todos os homens de Genebra. Era convocado apenas para assuntos de suma importância.

Os pregadores entregaram, assim, ao Pequeno Conselho o manuscrito de Calvino, no qual solicitavam a realização de quatro reformas na Igreja de Genebra. "Não é possível reduzir tudo à boa ordem num momento", dizia o documento, "porquanto a ignorância do povo não o permitiria... Mas agora que agradou ao Senhor consolidar um pouco mais o Seu reinado aqui, pareceu-nos de bom alvitre... estudar convosco sobre tais assuntos... rogando-vos em nome de Deus que... se... concluirdes que a nossa proposta vem da santa Palavra do Evangelho, cuideis para que estas observações sejam recebidas e obedecidas na vossa cidade...".

Estudá-lo-emos, disse o Pequeno Conselho. Era meados de janeiro de 1537. A população estava sendo reunida de dez em dez em São Pedro para jurar fidelidade à Confissão. E o magro estrangeiro francês, que havia sido comandado por Farel a permanecer em Genebra, ainda não havia recebido vintém por seus serviços.

VI. Reforma a todo custo

Muito bem, o que os pregadores desejavam agora? Esta foi a pergunta do Pequeno Conselho ao analisar o documento endereçado aos "Cavalheiros Retamente Honrados".

Os cavalheiros retamente honrados não precisaram ler muito para descobrir a dinamite contida no documento. "Não há dúvida de que uma Igreja não poderá ser... bem ordenada... se não houver nela a celebração contínua da Ceia do Senhor... e esta celebração sob tão boa supervisão que ninguém ousará apresentar-se senão com devoção, e com genuína reverência. Por essa razão, para que a Igreja se mantenha íntegra, é necessária a disciplina da excomunhão."

Excomunhão. A ideia, então, era esta: dar à Igreja a poderosa arma da excomunhão, por tanto tempo brandida pelo Papa de maneira tão inclemente. Por meio de homens fiéis, atentos em todos os quadrantes da cidade, os pregadores propunham receber informações sobre aqueles que não viviam a vida de Cristo. Competiria à Igreja, então, tomar as providências estabelecidas por Cristo em Mateus 18. Essas providências terminariam em excomunhão, uma decisão da Igreja que seria executada pelos conselhos, visto que Igreja e estado estavam entrelaçados naqueles dias. Esta "disciplina de excomunhão é necessária", disseram os pregadores, para que mãos iníquas não cheguem à santa mesa do Senhor. Mas era esta a dinamite: permitir à Igreja esse poder de excomunhão, tanto para os de vida torta quanto para os que afirmassem doutrinas falsas.

"Teremos um novo Papa dentro dos nossos muros?" Muitos membros do conselho bradavam: "Nós somos os responsáveis pela disciplina em Genebra! Este poder nos pertence. Temos livros cheios de leis que podem ser usados para punir os perversos. Que os pregadores preguem e ensinem; que deixem a vida do povo nas mãos dos conselhos formados para governar a cidade."

Calvino não somente solicitou que a Igreja tivesse permissão para decidir quem poderia participar na Comunhão, mas também que a Ceia do Senhor fosse celebrada com mais frequência. "Seria bom determinar que a Comunhão da Santa Ceia de Jesus Cristo fosse celebrada, como regra, todos os domingos… Não foi instituída por Jesus para… duas ou três vezes por ano, mas sim para exercício frequente da nossa fé…

Assim foi sempre o costume da Igreja primitiva…", aduziu. "Visto que a fragilidade do povo é ainda de grande monta, há perigo de que este sagrado mistério não seja entendido, caso seja celebrado com tanta frequência. Que seja celebrado, por conseguinte, 'uma vez por mês'."

As outras três propostas não provocaram tanto tumulto nos conselhos. Calvino solicitou que as leis matrimoniais fossem estudadas e atualizadas de acordo com a Palavra de Deus, visto que "o Papa tem causado confusão" nessas leis, "fazendo decretos à sua vontade". Nessa sentença do documento, havia um espaço em branco no lugar do nome do Papa. Calvino não estava disposto a honrar o Papa, nem mesmo escrevendo o nome dele.

"O terceiro artigo se refere à instrução de crianças, as quais deverão, sem dúvida, fazer à Igreja uma confissão de sua fé." Elas deverão ser instruídas por meio de um catecismo. E isso "é agora mais necessário do que nunca, devido ao desuso da Palavra de Deus que percebemos na maioria do povo, e ao menosprezo dos pais em ensinar-lhes o caminho de Deus". Para esse fim, haverá necessidade de escrever um catecismo. Os pais terão que ensiná-lo às crianças. E, "durante determinados períodos do ano", as crianças deverão comparecer perante os ministros para serem interrogadas e receberem maiores explicações sobre as perguntas catequéticas. "Deveis ordenar aos pais que usem esforço e perseverança para que seus filhos aprendam este resumo", apelou Calvino.

Mais uma novidade. "Desejamos que os Salmos sejam cantados na Igreja". O povo cantará na Igreja, caso esta reforma seja adotada. Há séculos o povo não canta ali, nem tem compreendido as palavras latinas cantadas pelos padres. Agora, em vez de espectadores mudos, terão uma participação. Pelo cântico, "pode-se orar a Deus, ou… cantar-lhe louvores… e render graças a Deus de comum acordo". Como o povo aprenderá os Salmos? "As crianças, anteriormente ensaiadas… cantarão em voz alta e clara, sendo ouvidas pelo povo com toda a atenção… até que todos estejam acostumados a cantar juntos." O coro de crianças seria o instrumento para ensinar novas melodias. Não haveria órgão, nem harmonia. Somente cantochão vigoroso, em uníssono.

Este era o plano de João Calvino para iniciar a edificação da Igreja em Genebra. Quatro pontos: um plano que ele acreditava vir da Palavra de Deus. Era um plano modelado sobre a Igreja primitiva. Seria aprovado pelos conselhos?

Os conselhos não estavam com pressa. Não decidiram contra o cântico de Salmos, a instrução de crianças ou a atualização das leis matrimoniais de acordo com as Escrituras. Poderiam lançar essas reformas nos livros legais da cidade, juntamente com uma centena de outras leis que não estavam sendo cumpridas. Isso satisfaria um pouco os pregadores persistentes.

Mas, quanto à questão da excomunhão e da Ceia do Senhor, houve muitos argumentos furiosos. A opinião da maioria nos conselhos estava contra qualquer mudança. Que a celebração dos sacramentos continuasse como antes, quatro vezes ao ano, em vez de mensal ou semanalmente. E que o assunto da excomunhão ficasse para depois. Afinal, nenhuma outra Igreja Reformada na Suíça tinha tanto poder em suas mãos. E Genebra, amante da liberdade, não cederia nessa questão — especialmente para não satisfazer um estrangeiro!

Os pregadores, diante dessa reação tépida, fizeram o possível. Calvino escreveu um catecismo para crianças, para ajudar os pais a ensinar-lhes as verdades da Palavra de Deus. Estava pregando agora. Sua voz clara e metálica penetrava todos os cantos das igrejas de onde pregava.

Calvino estava se tornando conhecido também nas ruas da cidade. Visitava os lares juntamente com Farel. De vez em quando, o pregador cego, Corault, os acompanhava, caminhando mais vagarosamente, batendo de leve a bengala nas pedras do calçamento.

Onde quer que andassem, os pecados da população os atormentavam. Mas essa gente — cada uma delas — pertencia à Igreja de Genebra. Pertencia a ela porque sua cidade havia se declarado protestante. O que poderia um pregador fazer com uma congregação assim de doze mil pessoas?

Como Calvino poderia incutir nessa gente rebelde a fé e a vida sobre as quais havia escrito tão brilhantemente em suas Institutas?

Bem, ele podia pregar a Palavra de Deus, certo? E foi isso que fez. De seu alto púlpito em São Pedro, olhava aquele mar de rostos, apontando-lhes seu longo dedo e fazendo-os sentir a culpa de seus pecados. Nem Farel media palavras ao trovejar para as pessoas que se reuniam na Igreja de Saint Gervais, localizada no outro lado de São Pedro, na margem oposta do rio. Corault estava no púlpito de outra igreja, pregando com fogo àqueles que não podia ver.

Mas os ministros podiam insistir com os conselhos para que as leis da cidade fossem cumpridas. Visitavam frequentemente a sala do Conselho, exigindo a aplicação de leis que há anos jaziam indolentes nos arquivos. Havia centenas de leis assim.

Havia leis sobre todas as coisas: desde a hora de dormir, o tipo de vestido que uma noiva poderia usar, até quantos músicos poderiam ser contratados para uma festa, ou quantos números musicais poderiam ser tocados. Algumas das punições eram severas — prisão, deportação e até morte.

É interessante observar que um bom número dessas leis foi aprovado antes que a reforma chegasse a Genebra. Farel havia persuadido os conselhos a acrescentarem outras no início de 1536, naquele entusiasmo inicial com o Protestantismo.

Mas as leis eram inócuas, visto que não eram aplicadas. Assim como as leis de muitas outras cidades, essas permaneciam empoeiradas, até que os pregadores começaram a bater à porta do conselho e exigir ação. Exigiam ação contra qualquer transgressor, fosse rico ou pobre.

VII. Mais dificuldades.

Entretanto, dois holandeses chegaram a Genebra e acrescentaram problemas aos pastores. Eram anabatistas e solicitaram um debate com os pregadores. Entre outras coisas, os Anabatistas achavam que todos os cristãos vindos de Roma para a fé protestante precisavam ser batizados outra vez. Na época da Reforma, eram conhecidos como os radicais entre os novos protestantes. Lutero se opusera a eles vigorosamente. Frequentemente pregavam revolução e violência. Tais tópicos eram explosivos em Genebra. Durante os dois dias de debate perante o Conselho de Duzentos, os pregadores refutaram energicamente os Anabatistas, que foram, por fim, expulsos da cidade. Mas ficaram com tempo suficiente para acrescentar lenha ao fogo do descontentamento que se alastrava em Genebra.

A seguir, chegou o brilhante Caroli com a extravagante acusação de que Calvino não acreditava plenamente que Jesus era Deus. Caroli era pastor em Lausanne, cidade situada às margens do lago, a leste de Genebra. Tinha vindo da Igreja de Roma para o Protestantismo. Já pendia de volta para Roma, orando pelos mortos e pregando outras doutrinas semelhantes. Tinha também uma história de vida livre, que Farel e Viret haviam denunciado quando Caroli visitou Genebra em 1534. Com sua ousada maneira de falar, tinha convencido, em Lausanne, o Conselho de representantes a nomeá-lo pastor principal, pois ostentava um grau de doutor. Desse modo, tomou o lugar do veterano reformador Viret, que havia chegado a Lausanne antes de Caroli. E agora Caroli fazia o seu ataque contra a doutrina dos pregadores de Genebra.

Calvino ficou furioso ao ser acusado de não acreditar na Trindade. Era uma acusação absurda que poderia ser repudiada por qualquer pessoa que tivesse lido suas Institutas e sua Confissão de Fé. "Nunca ouvi coisa tão afrontosa", escreveu Calvino ao seu amigo Megander. Enfurecido, ele foi a Lausanne para defender a si e a seus colegas em uma reunião do sínodo naquela cidade. Os ministros de Genebra responderam a Caroli com linguagem forte. Calvino falou com grande furor. Concluindo, estava exausto, tossindo e com falta de ar.

O sínodo decidiu a favor dos pastores de Genebra. Mais tarde, em um sínodo reunido em Berna, Caroli foi excluído do ministério protestante devido à sua imoralidade. Retornou à

França e à Igreja de Roma. Mas as suas palavras irresponsáveis perduravam como rumores maldosos entre as igrejas da Suíça. O povo humilde ouvia tudo isso e imaginava o que estaria ocorrendo com os ministros da nova Igreja Protestante. Profundamente preocupado com isso, Calvino insistia na realização de outro sínodo em Berna, para que se chegasse a uma declaração comum de doutrina. "Os camponeses acham", escreveu Calvino, "que deveríamos estar de pleno acordo entre nós mesmos antes de tentar convencer outros a aceitar nosso ponto de vista… Não podemos protelar" a instalação de um sínodo, "onde todas as controvérsias dessa espécie seriam resolvidas".

Caroli tinha causado seu estrago. Farel estava por demais preocupado, embora costumeiramente ficasse firme no meio da tempestade. Calvino escreveu a Viret, em Lausanne, implorando-lhe que voltasse a Genebra para ajudá-lo. "Considero indispensável o seu retorno ao nosso meio", escreveu, "a menos que estejamos prontos a perder Farel, pois está esgotado pela preocupação que o acomete. Jamais imaginei que alguém da constituição de ferro como Farel chegasse a esse ponto."

Na mesma carta latina, a Viret, Calvino escreveu: "O Sr. de Hautmont pretende voltar à França… Peço que devolva a capa e os livros que forem dele."

Estas palavras significavam que, no meio de todos os seus problemas, Calvino estava perdendo um amigo. O Sr. de Hautmont era Louis Du Tillet, o fiel companheiro de viagem que havia deixado sua grande biblioteca e seu trabalho em Angoulême para deixar a França e viajar com Calvino para Basileia e Itália. Foi Du Tillet quem havia dado a Farel a informação sobre a presença de Calvino em Genebra. Du Tillet havia permanecido com Calvino em Genebra. Tinha visto as borrascas se ajuntarem ao redor do seu amigo. Tinha visto Calvino doente e com raiva, preocupado e melancólico. Os problemas de Genebra não se harmonizavam com a índole branda de Du Tillet. Começou a perguntar a si mesmo: seria esta a igreja verdadeira de Cristo que o seu amigo estava tentando estabelecer no meio de toda a rebelião e na vida desenfreada de Genebra? Ou seria a Igreja Mãe de Roma a Igreja verdadeira? Perplexo, Du Tillet se preparava para retornar à França.

Mas, quando resolveu sair, Du Tillet partiu secretamente, viajando para o norte até o rio Reno. Em Estrasburgo, refugiou-se novamente na Igreja de Roma. Antes de atravessar a fronteira da França, escreveu algumas cartas e as enviou por portador a Genebra, informando Calvino do que havia feito. "Você está convencido em seu coração", escreveu Du Tillet a Calvino, "de que você foi de fato chamado por Deus para ser ministro nas igrejas protestantes? Seria essa Igreja a verdadeira Igreja de Cristo?"

Antes que o portador chegasse, Calvino já havia ouvido rumores sobre o que seu amigo havia feito. Tendo lido as cartas, Calvino tomou sua pena para responder. Escreveu com respeito, amor e tristeza, e sem rancor. Mas escreveu, também, com firmeza.

"Sinto a sua falta", redigiu. E "o que mais me preocupou e me atormentou foi o receio" de que "a rudeza e incivilidade com que o tratei" o tenham, por vezes, ofendido e conduzido à sua decisão. Mesmo assim, tenho certeza de que não foi esta a causa da mudança de seu coração, e por isso devo-lhe agradecer. Mas "fiquei surpreendido ao saber da sua intenção", continuou

Calvino. "Esta mudança repentina parece-me bastante estranha, dada a constância e firmeza que você demonstrava." Não posso aceitar os argumentos que você apresenta. No entanto, "não entrarei em longa discussão". Quero agradecer-lhe pela maneira graciosa com que você sempre compartilhou comigo tudo que era seu. "Quisera que Deus me ajudasse a mostrar-lhe convenientemente o meu agradecimento… Lembre-se de nós em suas orações… pois as dificuldades que nos assolam agora são maiores do que nunca… Rogo ao Senhor que o guarde sob Sua santa proteção, para que você não perca o rumo no caminho escorregadio em que está agora andando… Seu mui humilde servo e irmão, Charles d'Espeville". Assim escreveu o homem honesto de Genebra; confessava seus próprios erros enquanto se agarrava com convicção às suas crenças. E não deixava de agarrar-se ao amigo também.

Du Tillet estava longe, não apenas pelos quilômetros, mas, parecia, também, longe da fé. Farel ainda estava nervoso. O povo de Genebra, nas suas eleições de fevereiro de 1538, elegeu três síndicos que eram inimigos de Calvino e de suas reformas. O Conselho de Duzentos ordenara aos pregadores que não excluíssem ninguém da Ceia do Senhor. O Pequeno Conselho, usando tênue pretexto, excluíra alguns dos seus membros que eram simpatizantes de Calvino. Quando os pregadores chegaram à sala do Conselho para protestar contra tal ocorrência, disseram-lhes que fossem para casa. Atenham-se à pregação, dissera o Conselho, e não mais se intrometam na política da cidade. Não os admitiremos aqui outra vez.

E chegou um pedido do cantão de Berna, cuja influência protestante e política pesava sobre todos os distritos em torno de Genebra. Berna solicitou que os Conselhos de Genebra adotassem alguns ritos para as igrejas em sua cidade (Farel havia acabado com tais práticas ao chegar a Genebra, pois desejava eliminar tudo o que parecesse com a Igreja de Roma). "Pedimos que voltem a usar pias batismais em suas igrejas", disse Berna, "e que também usem pão ázimo, semelhante à hóstia, na Ceia do Senhor." Além disso, devemos todos comemorar o Natal, Páscoa, Ascensão e Pentecostes como dias santos. É bom que todas as igrejas estejam em conformidade nestas coisas. O que Berna não revelava era o motivo pelo qual pedia estas coisas: ela desejava colocar Genebra sob sua influência política também.

"De acordo", disse o Conselho de Duzentos aos pedidos de Berna. Os ritos de Berna foram aprovados pelo Conselho sem que os pregadores fossem consultados.

Numa manhã de sábado, o cego Corault subiu ao púlpito para o culto das seis horas. Na semana anterior, havia sido proibido de pregar porque havia falado veementemente contra as decisões do Conselho sobre assuntos da Igreja. Mas Corault falava novamente, ainda denunciando o Conselho pelas decisões que, julgava, não lhe competiam. "Meus senhores, os governantes, são como a imagem de Daniel: têm pés de barro", bradou. "São como ratos no meio da palha". Antes que pudesse concluir, os soldados do Conselho o pegaram e o levaram para a prisão. Era o dia anterior à Páscoa.

Calvino e Farel abriam alas entre a multidão que começava a aglomerar-se. Entre vaias e cusparadas, subiram os degraus que os levariam à sala do Conselho. Disseram ao Conselho: "Agiram com perversidade ao aprisionar um servo do Senhor.

Ele falou a verdade quando pregou que não tinham o direito de decidir sobre a liturgia da Igreja sem a consultar de antemão."

O Conselho recebia incomodado o rancor dos pregadores. Queriam fazer um trato com os pregadores: "Demoraremos para colocar em vigor os ritos de Berna se concordarem em excluir Corault do ministério." Jamais concordaremos com tal proposta, replicaram-lhes os dois homens de togas pretas. E nem introduziremos as cerimônias de Berna, pois nenhum conselho da cidade tem o direito de impô-las sobre a Igreja.

A turba os aguardava fora do prédio. "Ao Ródano, ao Ródano!", gritavam alguns, imaginando os pregadores se afundando nas águas gélidas e rápidas do rio. Outros xingavam Calvino e Farel pelas costas. Mais vaias, mais cusparadas, mais punhos e paus sacudidos a poucos centímetros das suas faces barbadas. E, à noite, mais botinadas em suas portas, mais tiros sob suas janelas, mais canções indecentes cantadas estrepitosamente. Houve alguém que até passeou pelas ruas, zombando da Ceia do Senhor com uma cantiga obscena, animado pelas gargalhadas dos espectadores.

Tudo isso constituía um pesadelo para o tímido francês de vinte e oito anos, sentado à sua mesa com pena e vela bruxuleante. Estremecia a cada tiro e a cada botinada em sua porta. O Senhor o havia colocado como responsável pela Igreja, em vez de pô-lo em um retiro solitário para estudar. Mas que igreja e que cidade! Por quanto tempo ainda precisaria enfrentar a tempestade?

Sábado à noite. O povo nas ruas abria alas para dar passagem ao arauto do Conselho com o seu bordão prateado. Carregando uma lanterna, veio à porta dos pregadores por ordem dos síndicos. Os pregadores concordariam em usar os ritos de Berna? Caso contrário, por ordem dos síndicos, os pastores Calvino e Farel não poderiam subir aos púlpitos no dia seguinte. Outros pregadores seriam encontrados para pregar os sermões da Páscoa e para administrar a Ceia do Senhor às congregações.

Domingo de manhã. Manhã de domingo da Páscoa. As igrejas estavam repletas. Um grupo baru-

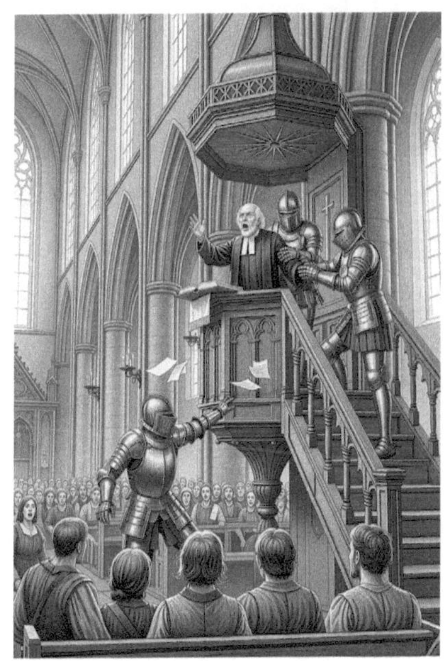

Antes que pudesse concluir o seu sermão, os soldados do Conselho levaram Corault, o pregador cego, à prisão.

lhento transbordava pela rua que subia a São Pedro. Queria ver o que iria acontecer. No outro lado do rio, onde era a vez de Farel pregar, a Igreja de Saint Gervais estava também apinhada de gente. Pregariam os pregadores? Sim, os pregadores resolveram pregar. Após uma noite sem sono, saíram em direção às igrejas — Farel para o outro lado do rio, Calvino, em uma breve caminhada, subindo a rua estreita que levava a São Pedro.

Aqui estava Calvino de pé, seus dedos ossudos segurando o gradil do púlpito, seus olhos penetrantes contemplando a congregação zangada e barulhenta de vários milhares de pessoas. Que sermão magnífico pregou naquela manhã de Páscoa! Falou ao povo de forma clara, franca e firme. Como poderiam estender as mãos para receber o pão e o vinho da Santa Comunhão quando tinham tão obstinadamente pecado contra o Cristo crucificado? Poderia a Santa Ceia ser celebrada no meio de brigas e tumultos? Deus não o permitiria!

Não houve celebração da Santa Comunhão em São Pedro naquela manhã de domingo da Páscoa. Nem em Saint Gervais, no outro lado do rio. Ilesos, os dois pastores voltaram para suas casas, passando pelas turbas resmungantes.

Os pregadores pregaram novamente nos cultos vespertinos daquele domingo de Páscoa. Era a vez de Calvino ocupar o púlpito da Igreja de Rive, junto à praia do lago. A assistência esperava num silêncio agourento. Quando Calvino, com sua franqueza convincente, começou a falar sobre os problemas de Genebra, homens saltaram à frente com espadas lampejantes. Gritando e brigando, buscavam alcançar o púlpito. Amigos de Calvino acorreram ao seu redor, formando um escudo humano. "Por um milagre", relatou uma testemunha, "não houve derramamento de sangue." O escudo humano escoltou o pregador pelas ruas até a porta de sua casa.

Dentro de casa, Calvino e Farel aguardavam a próxima jogada dos Conselhos. Não precisaram esperar muito. Nas altas horas de domingo, os síndicos se reuniram em sessão especial. O Conselho de Duzentos reuniu-se na segunda-feira para tomar uma decisão. "Damos aos pastores Calvino, Corault e Farel o prazo de três dias para saírem da cidade", disse o Conselho.

O arauto, com seu bordão prateado, veio anunciar a sentença. Ouvindo-a, Calvino replicou: "Muito bem. Tivéssemos servido a homens, seríamos mal recompensados, mas servimos a um bom Mestre que nos retribuirá."

Três pastores franceses atravessaram a ponte elevadiça sobre o fosso, passando pela guarda armada e pelo portão da cidade. Cavalgando animais alugados, deixavam Genebra — o homem cego e velho que havia acabado de sair da prisão, o de barba ruiva que estava acostumado a ser expulso de cidades, e o mais moço e magro, com olhos penetrantes, que havia permanecido vinte meses em vez de uma só noite como havia planejado.

Era 25 de abril de 1538.

VIII. O exílio

É grave para um pastor ser excluído de sua igreja. Deixando Corault, fraco e cego, numa cidade onde tinha amigos, Farel e Calvino prosseguiram viagem. Queriam defender-se perante o Conselho da cidade de Berna e em um sínodo de igrejas suíças, em Zurique.

Durante a viagem primaveril, Calvino e Farel tiveram tempo para pensar. O barulho da turba já não existia. As coisas lhes pareciam um tanto diferentes agora. Teriam se zangado precipitadamente e agido com excessiva severidade e teimosia em assuntos de somenos importância? Não tinham dúvidas sobre a fé que pregavam. Nem duvidavam da necessidade de ordem na Igreja e de disciplina nas vidas de seus membros. Mas teriam seguido o caminho mais sábio para estabelecer estas coisas?

No sínodo em Zurique, Calvino e Farel afirmaram que estavam dispostos a aceitar os ritos eclesiásticos propostos por Berna. Mas disseram que continuavam a crer que um conselho de representantes não deve decidir tais coisas sobre a liturgia da Igreja. Além disso, explicaram suas convicções sobre a disciplina na Igreja.

As igrejas suíças desejavam paz nas suas paróquias. O sínodo esperava que os pastores destituídos fossem restabelecidos. O sínodo solicitou que Berna enviasse uma delegação a Genebra para tratar do assunto. Mas os Conselhos de Genebra não mudaram de opinião. Enviaram um arauto para encontrá-los, pois Calvino e Farel já haviam iniciado a viagem de volta a Genebra, na esperança de que a delegação de Berna tivesse conseguido a paz. O arauto levava uma carta ordenando aos pregadores que não retornassem à cidade.

Mais uma vez, Calvino e Farel voltaram as costas às torres de São Pedro. Que mais poderiam fazer? Desta vez, viajaram para Basileia, a cidade que havia servido de retiro sossegado enquanto Calvino escrevia a primeira edição das *Institutas*. Foi uma viagem de mais de duzentos quilômetros. Os pregadores chegaram à cidade, situada às margens do Rio Reno, no fim de maio de 1538.

A viagem não foi fácil. Calvino escreveu ao seu amigo Viret, em Lausanne: "Chegamos, finalmente, a Basileia, mas bem ensopados pela chuva e completamente fatigados e exaustos. E nem esteve a nossa viagem isenta de perigos, pois, na verdade, um de nós foi quase levado pela correnteza de um rio. Temos, porém, experimentado tratamento mais ameno do rio impetuoso do que do nosso próximo…"

Os dois pregadores solteiros tinham planos de ficar juntos. Mas Farel foi logo convidado a ir para Neuchâtel, uma cidade para a qual tinha levado a Reforma. Calvino tinha cartas de Estrasburgo, convidando-o a ir para lá. Em julho, fez uma visita para se entender com os pastores de Estrasburgo. Os pastores suplicaram que Calvino ficasse como pastor dos muitos refugiados franceses que fugiam da perseguição na França. Mas Calvino não estava pronto para assumir um novo pastorado. Escreveu de Estrasburgo a Du Tillet, o amigo que o havia deixado: "Voltarei ao retiro de Basileia, esperando compreender o que o Senhor quer que eu faça".

Mas agora Calvino esperava sozinho em Basileia. Farel, seu melhor amigo, havia atendido aos apelos de Neuchâtel para ser pastor naquela cidade. Calvino logo lhe escreveu a primeira de muitas cartas. Contou a Farel os problemas que estavam surgindo em Genebra devido à nomeação de novos pregadores. "Mas…", escreveu, "humilhemo-nos… a menos que desejemos lutar contra Deus, quando Ele procura nos tornar mais humildes. Entretanto, aguardemos a vontade de Deus."

Duas semanas depois, Calvino enviou outra carta a Farel. Calvino havia arriscado a própria vida para ajudar o agonizante sobrinho do seu amigo. "No domingo passado, o seu sobrinho foi acometido da peste", escreveu Calvino a Farel. "O companheiro dele e o ourives que testemunhou o Evangelho em Lyon trouxeram-me a notícia imediatamente. Como eu tinha tomado alguns comprimidos para aliviar a dor na minha cabeça, não pude visitá-lo pessoalmente… Arranjaram uma mulher para cuidar dele… O genro dela também veio ajudar. Visitei-o tão logo minha saúde o permitiu. Quando apareceram os sinais de morte certa, esforcei-me para lhe dar remédio para a alma ao invés de para o corpo. Não estava seguro da sua mente, mas estava tão ciente do seu estado que me chamou de volta ao seu quarto… para orar por ele… Nesta manhã, às cinco horas aproximadamente, o Senhor o levou… Aquele excelente homem, o ourives, tinha sido despedido pelo seu senhor porque tinha tido contato com o doente infectado. Enviei-o, com minha recomendação, a Estrasburgo, para que lá conseguisse trabalho… Com referência às vestimentas e outros objetos do seu sobrinho, eis o que há para relatar… Há uma espada e uma camisa com Wolf, o dono da hospedaria."

"Sei com certeza que não tinha dinheiro quando foi acometido da doença."

O próprio Calvino arranjou o dinheiro para o tratamento e para o enterro do sobrinho de Farel, embora estivesse vendendo parte de sua biblioteca para ter dinheiro para viver. Além disso, não se absteve de permanecer perto do homem acometido pela praga, embora o ourives tivesse perdido o emprego — por ser a epidemia tão mortífera e contagiosa. Mas, para auxiliar o sobrinho de um amigo, valia a pena sacrificar dinheiro e saúde.

Pouco depois, Calvino fixou residência em Estrasburgo. Havia vindo de Basileia nos primeiros dias de setembro de 1538, menos de cinco meses após sair de Genebra. Havia anteriormente recusado ouvir os argumentos do pastor Martin Bucer e de seus colegas. Mas Bucer sabia fazer o papel de um Farel. Quando falharam os apelos, passou a ameaçar. "Deus saberá como encontrar o servo rebelde, assim como achou Jonas", admoestou Bucer. Não tardou que Calvino embarcasse em um barco fluvial, percorrendo os cento e cinquenta quilômetros no Rio Reno até Estrasburgo. "Minha despedida de Basileia foi… apressada e desordeira", escreveu a Farel. A mão de Deus, que havia caído sobre Calvino, novamente o dirigiu para longe de um retiro sossegado para estudos.

Os três anos em Estrasburgo foram, no entanto, um sonho agradável, comparados com os horrores de Genebra. Estrasburgo era uma cidade pacífica. O seu famoso prefeito, Jacob Sturm, estava a favor da Reforma e havia fundado várias escolas primárias. As igrejas protestantes viviam em paz. Davam aos seus membros um programa ordeiro de pregações, catecismo e sacramentos. Tinham, inclusive, um sistema de visitação familiar e de disciplina. Mas os Conselhos da cidade conservavam em suas mãos o poder de excomunhão.

No dia 8 de setembro de 1538, alguns dias após sua chegada a Estrasburgo, Calvino novamente ocupava um púlpito para pregar. Não poderia ter sido maior o contraste deste culto com o seu último culto tumultuado em Genebra. Eis que estava agora na pequena Igreja de Saint Nicolas, junto ao muro sul da cidade e perto das colinas verdejantes que a cercavam. Diante dele, se congregavam refugiados franceses que haviam encontrado abrigo em Estrasburgo. Sua fé era-lhes um tesouro. Ameaçados de morte na sua terra natal, haviam fugido da França para permanecer fiéis à sua fé. Reverente e ansiosamente, ouviram o pregador que lhes falava na sua própria língua. Um mês depois, Calvino escrevia a Farel: "Administramos, pela primeira vez, o sacramento da Ceia em nossa pequena Igreja, conforme o costume local. Esperamos repeti-lo mensalmente."

Não havia mais turbas e brigas, nem gritos e tiros sob sua janela, nem gente rebelde aparecendo para participar do santo sacramento. Calvino caminhava nas ruas em paz. O Rio Ill fazia voltas ao atravessar a cidade. As suas águas plácidas refletiam as frondosas árvores nas suas margens. Em uma margem do rio, mais alta do que tudo, erguia-se a magnífica catedral católico-romana, uma obra-prima gótica de arenito vermelho, com uma torre rendada que se prolongava ao céu, alcançando cento e quarenta metros de altura. O gigantesco relógio astronômico se localizava no transepto sul da catedral. Famoso pela Europa inteira, o relógio apontava a posição dos planetas, bem como a hora do dia. Ao bater das horas, uma figura dourada, representando um dos doze apóstolos, avançava para golpear um sino. E, para Pedro, havia um pequeno galo dourado que cantava. O relógio ainda existe hoje.

Não muito distante da catedral, ficava a igreja menor de Saint Thomas. Dr. Martin Bucer era seu pastor. Sua igreja era de pedra cinzenta, com uma torre quadrada e atarracada. O seu interior havia sido despido de imagens e altares para torná-lo ambiente de culto para os protestantes.

Calvino morou por algum tempo na casa de Bucer, que era perto da igreja. Não era a única pessoa que morava ali, pois a residência Bucer era conhecida como "a hospedaria da retidão". Muitos refugiados e viajantes se aqueceram diante da sua lareira e comeram pão à sua mesa. Além dos hóspedes constantes, Bucer possuía uma família de seis filhos. Sua esposa, Elizabeth, era tão hospitaleira quanto ele.

Calvino era agora pastor na cidade livre germânica de Estrasburgo. A cidade era conhecida como Antioquia da Reforma. O que teria sido Genebra então — uma Sodoma?

IX. Pastor em Estrasburgo

João Calvino, aos vinte e nove anos, pastor da Igreja de refugiados franceses em Estrasburgo, não só tinha trocado uma

Sodoma por uma Antioquia. Ele mesmo parecia ter mudado. Estava menos propenso a brigar, mais disposto a ouvir e aprender. Sua estadia em Genebra não havia contribuído, aparentemente, para o sucesso do Evangelho naquela cidade. "Portanto, de bom grado, reconhecemos diante de Deus... que a nossa inabilidade... merecia ser punida", escreveu de Estrasburgo a Farel, ainda pensando no que havia acontecido na cidade suíça junto ao lago.

Em Estrasburgo, Calvino estava disposto a celebrar a Ceia do Senhor "conforme o costume local". Embora não permitisse que criancinhas fossem batizadas por parteiras, já que essa prática era contrária à Palavra de Deus, não levantou sua voz contra questões não fundamentais na Igreja. "Quanto às cerimônias insignificantes", recomendou a Farel, "procure introduzir os irmãos a não discutirem sobre o assunto...".

Calvino não permitia que os seus alunos levassem espadas para dentro da sala. Mas não levantava a voz contra as roupas que considerava imodestas. E dizia com tolerância: "Nem deve... a disciplina ser tão severa a ponto de impedir brincadeiras ocasionais".

Em vez de um Farel exacerbado, Calvino agora tinha Bucer como parceiro mais velho. Bucer era quase da mesma idade de Farel, mas era um paladino de paz e cooperação. Em Estrasburgo, Calvino não tinha necessidade de estar sempre batendo à porta da sala do Conselho de representantes. Tornou-se, portanto, atarefado em suas funções de pastor, professor e escritor.

Calvino encontrou alegria na sua pequena congregação de refugiados franceses. Sua pregação atraía toda a gente da vizinhança que falava francês. Examinou cuidadosamente a ordem de culto usada por Bucer, com origens luteranas. O que o agradou especialmente foi o fato de que os refugiados franceses já vinham cantando salmos em francês há mais de dez anos. Cantavam com entusiasmo. Dava gosto ouvi-los.

Em 1539, Calvino publicou um hinário com músicas para dezoito salmos e o Credo dos Apóstolos. Algumas letras foram escritas por Calvino. As outras eram da autoria de Clement Marot, o poeta que Calvino conhecera na corte de Ferrara, na Itália, no ano de 1536.

Aos poucos, Calvino colocava em prática as coisas que desejara fazer em Genebra. Em meados de 1539, a sua congregação francesa aprovou um sistema disciplinar semelhante ao das demais igrejas de Estrasburgo. O povo estava satisfeito com seu pastor. Visitava os seus lares com fidelidade. Cuidava deles, ensinava-lhes, pregava-lhes e ministrava-lhes os sacramentos.

Além disso, Calvino foi nomeado "preletor de Sagrada Escritura" no Ginásio de Estrasburgo, uma escola secundária que se transformaria numa das melhores de toda a Europa. Seu diretor era o erudito João Sturm, egresso de Paris, e amigo de Calvino. Calvino concordou, além disso, em ministrar preleções públicas sobre a Bíblia, como tinha feito em Genebra. "Ou leciono ou prego diariamente", escreveu a Farel.

Calvino escrevia também. Levou à tipografia, localizada num antigo convento de freiras, a segunda edição em latim das Institutas, uma obra bem mais extensa que a primeira. Traduziu esta edição para um francês tão magnífico que Calvino ficou mais tarde conhecido como o pai do francês moderno, da mesma forma como Lutero, com sua tradução da Bíblia, é chamado o pai do alemão moderno.

As preleções públicas de Calvino sobre o Livro de Romanos foram publicadas em outubro de 1539. Foi o primeiro de seus muitos comentários, e um dos melhores. Calvino foi também o autor de um pequeno livro sobre o culto público, no qual explanou a melhor ordem de culto, conforme a Igreja primitiva. Incluiu uma forma para a celebração da Ceia do Senhor e outra para o casamento.

Publicou, a seguir, o Pequeno Tratado Sobre a Santa Ceia do Nosso Senhor, que não era, afinal, tão pequeno. Tinha sessenta capítulos curtos e foi escrito em francês em vez do latim erudito. Calvino esperava que o povo em geral pudesse lê-lo, pois nenhuma doutrina era mais discutida naqueles dias do que a da Santa Ceia. Os seguidores de Lutero, Zuínglio, o Papa e Calvino jamais puderam concordar entre si sobre esta doutrina.

O pastor dos refugiados franceses era agora, estranhamente, membro da associação dos alfaiates. Não se podia ser cidadão de Estrasburgo sem pertencer a uma associação profissional, fosse de açougueiros, sapateiros, carpinteiros, negociantes de tecidos ou outro ramo de comércio. Desejando ser cidadão da cidade, Calvino conseguiu economizar vinte florins de suas parcas reservas para pagar a taxa de inscrição. Solicitou inscrição na associação dos alfaiates, localizada perto do salão onde ministrava suas preleções públicas. Quem poderá afirmar que Calvino tinha ou não queda para alfaiate, ou que teria escolhido aquela associação por causa da sua localização próxima ao salão de preleções? Seja qual for o motivo, João Calvino era agora cidadão de algum lugar pela primeira vez desde a sua saída da França.

Mas o homem atarefado naquela cidade pacífica também tinha as suas dificuldades e tristezas. Era desesperadamente pobre. Como em Genebra, o Conselho de representantes de Estrasburgo concordara em pagar salário a Calvino, esquecendo-se, posteriormente, de fazê-lo. Quando, finalmente, seis meses depois, o Conselho lembrou-se de fazê-lo, foi de um florim por semana, o que não era suficiente para se manter. Escreveu a Farel: "Fale com Balliot para remeter o dinheiro para o pagamento de Wendelin, o tipógrafo. Não estou conseguindo suportar mais...". E ainda: "Pagarei o saldo devedor quando puder, pois minha condição é tal que não posso considerar nenhum vintém como meu."

Calvino e Farel ainda deviam ao hospedeiro com quem haviam ficado em Basileia. O homem enviou a conta, que incluía o preço do vinho. Mas havia dúvida na mente de Calvino sobre o vinho, pois tinha lembrança de ter recebido o vinho como presente de um amigo. O hospedeiro, no entanto, havia-lhe cobrado. Calvino, então, escrevia a Farel, calculando sua parte da conta. "Não estou disposto a negociar a conta do vinho... Você se hospedou sete semanas e dois dias com ele, e eu, por dois meses e doze dias... É assim que eu a divido: pago cinco coroas de ouro, você, quatro... Ainda lhe devo uma coroa menos vinte xelins em dinheiro de Basileia". Cada moeda tinha seu valor, e Calvino não tinha nenhuma sobrando!

Uma oferta de dinheiro veio ao pobre pregador. Du Tillet escreveu da França: "É possível que você esteja com pouco dinheiro, sem o qual você não pode viver como lhe convém; mas não precisa preocupar-se com isso... caso deseje, Deus permitindo, suprirei o suficiente para atender à sua necessidade."

Na mesma carta, Du Tillet sugeriu que Calvino voltasse à França, sugerindo que Calvino voltaria à Igreja de Roma. Mas Calvino respondeu que estava seguro de que o Senhor o havia dirigido ao seu trabalho em Estrasburgo junto às igrejas protestantes. Não desejando ficar obrigado de qualquer forma ao utilizar o dinheiro do seu amigo, Calvino disse-lhe, delicadamente: "Você me fez uma proposta pela qual não posso agradecer-lhe suficientemente… Abster-me-ei, no entanto… de ser um fardo para… quem já no passado esteve sujeito a tanta despesa por minha causa".

Passado algum tempo, um vigarista de fala piedosa veio visitar Calvino. O homem fez uma representação cristã tão convincente que acabou persuadindo o pobre pastor a emprestar-lhe vinte batzens, ou dezoito francos de ouro, aproximadamente. Calvino teria tomado emprestado de amigos a fim de atender ao pedido. O vigarista deixou em seu poder uma pequena cesta com os seus pertences, como prova de que voltaria logo para pagar a dívida. "Quando voltou alguns meses depois", escreveu Calvino numa carta, "ele me perguntou sorridente, ou melhor, cinicamente, se eu não podia emprestar-lhe mais algumas coroas. Respondi que estava precisando da pequena quantia que ele já havia tomado."

O vigarista desapareceu sem pagar o empréstimo. Um ano e meio depois, Calvino resolveu abrir a cesta. Mandou chamar seu amigo João Sturm, do ginásio, e alguns outros. Juntos levantaram a tampa e examinaram o precioso conteúdo — algumas ameixas podres, algumas roupas esfarrapadas, alguns livros rasgados e algumas cartas que o vigarista havia roubado de outrem. "Não sem muitas gargalhadas examinamos estas coisas", disse Calvino, que riu gostosamente, apesar da peça que lhe fora pregada.

Após residir por algum tempo na casa de Bucer, Calvino alugou uma casa onde aceitava alunos como pensionistas. Nem sempre as coisas andavam em paz na casa alugada. De vez em quando, os alunos se esqueciam de efetuar o pagamento ao hospedeiro. Em outras ocasiões, a governanta causava confusão com a sua tagarelice. E, algumas vezes, o próprio Calvino, atormentado por uma dor de cabeça ou um desarranjo no estômago, dava vazão ao temperamento que tentava controlar.

Certa vez, Calvino relatou a Farel que havia perdido completamente o controle do seu temperamento. Pois Caroli aparecera novamente, o ex-pregador de Lausanne, que havia acusado os pregadores de Genebra de não crer na Trindade. Caroli, pela segunda vez, declarava-se convertido do catolicismo ao protestantismo. Pela segunda vez, deixou a França e veio à Suíça e a Estrasburgo.

Calvino e Farel resolveram esquecer as dificuldades anteriores e receber Caroli com amor, caso o seu retorno fosse sincero. Caroli, porém, estava bem-disposto a provocar as divergências do passado. Tentou, em Estrasburgo, lançar suspeitas sobre Calvino em conversas com Bucer e os outros ministros. Os ministros, juntamente com Caroli, redigiram algumas declarações doutrinárias, assinaram-nas e as enviaram, altas horas da noite, para que Calvino as assinasse também. Na ânsia de pacificar, os ministros haviam concordado com algumas ideias de Caroli, mas com as quais Calvino não podia concordar.

Se assinasse as declarações, Calvino seria infiel às suas convicções. E se recusasse assinar, Caroli o acusaria de infidelidade aos seus amigos e de ser o único instigador de complicações. Aborrecido, Calvino pediu uma reunião dos ministros. Reuniram-se para o jantar na residência de um deles. E "ali pequei dolorosamente", escreveu Calvino a Farel, "pois não consegui me controlar; a bílis tomou conta da minha mente de tal forma, que extravasei azedume por todos os lados. Havia, certamente, alguma causa para indignação. Mas é uma pena que não tenha usado de moderação ao expressá-la... Afirmei minha resolução de que preferia morrer a assinar tal documento... Por fim, saí da sala de jantar, seguido por Bucer, que, após acalmar-me com sua doce fala, levou-me de volta à companhia dos outros... Quando cheguei em casa, fui acometido de um acesso extraordinário. Não encontrei outro alívio senão soluços e lágrimas." Eis o servo de Jesus Cristo, um servo humano, lutando contra esse pecado habitual, chorando amargamente por não conseguir controlá-lo.

Havia em Estrasburgo outros motivos de tristeza. Um mês após a chegada de Calvino, enquanto ainda estava na casa de Bucer, chegou a notícia da morte do seu colega cego, Corault. Havia um boato de que Corault havia sido envenenado na pequena cidade de Orbe, onde era pastor. "A morte de Corault me abateu de tal maneira que não sei colocar limites no meu pesar", escreveu Calvino a Farel. "Nenhuma das minhas ocupações diárias consegue... tomar conta da minha atenção... A tristeza e agonia durante o dia parecem servir somente para me preparar... para os pensamentos mais excruciantes durante a noite. Não é apenas a falta de sono que me importuna, pois estou acostumado com isso. Mas esses pensamentos melancólicos durante a noite inteira me deixam completamente esgotado… Aquele gesto infame… exaspera-me a mente, se é que a suspeita é bem fundamentada… Nós, os sobreviventes que o Senhor permitiu viver por algum tempo, devemos perseverar no mesmo caminho trilhado pelo nosso irmão, até que tenhamos terminado nossa carreira…".

Não somente Corault havia desaparecido. Na Itália, na corte da duquesa de Ferrara, Olivétan havia falecido também. Contava apenas trinta e dois anos. A suspeita de envenenamento pairava de igual forma sobre a sua morte. Primeiramente, havia morrido um colega do ministério. E depois um primo de quem havia ouvido em Paris as verdades da Reforma, a quem havia escrito prefácios para um Novo Testamento em francês.

Calvino não estava só em Estrasburgo, felizmente. Possuía muitos amigos nas igrejas e escolas. Sua irmã, Marie, estava com ele, bem como seu irmão, Antônio. Fazia alguns anos que estes dois haviam saído de Noyon, sua cidade natal, para residir com seu famoso irmão. Moraram por algum tempo em Basileia. É provável que tivessem estado em Genebra durante aqueles vinte meses tempestuosos. Estavam agora em Estrasburgo. Calvino sentia-se feliz por isso.

Mesmo assim, palavras de Bucer frequentemente voltavam à sua mente: você precisa de uma esposa, Calvino. Era assim que Bucer lhe falava.

X. Enlace difícil, mas ideal.

"Aguardamos a chegada da noiva para logo depois da Páscoa", escreveu Calvino a Farel em fevereiro de 1539. "Mas, se você me garantir a sua presença, poderemos protelar a cerimônia do casamento até a sua chegada... Peço-lhe... que me assegure que você virá... Prefiro você a qualquer outra pessoa."

Seria de Farel o privilégio de "solenizar e pedir a bênção" sobre esse casamento. Esse casamento, contudo, não ocorreu. Não há menção alguma do fato, nem da mulher que era aguardada depois da Páscoa.

Em maio do mesmo ano, animado pelos amigos de Estrasburgo, Calvino cogitava novamente o casamento e descrevia a Farel o tipo de mulher que procurava: "Mas não se esqueça do que espero encontrar nela. Pois não sou daqueles apaixonados que abraçam os vícios daquelas com quem querem casar, ao se encantarem à primeira vista por um belo corpo. Eis a única beleza que me atrai: que seja casta, não muito exigente nem melindrosa, econômica, paciente e preocupada com meu estado de saúde."

Em fevereiro de 1540, o pregador continuava solteiro, mas esperançoso. "No meio de tais comoções", escreve a Farel, "me encontro tão à vontade que tenho a ousadia de pensar em casamento. Apresentaram-me uma donzela de nobre estirpe, com uma fortuna acima da minha condição. Duas considerações levaram-me a desistir de tal combinação — por não compreender nossa língua e por temer que ela se tornasse muito consciente da sua família e educação. Foi o irmão dela, uma pessoa bastante devota, que insistiu nesta relação... Sua esposa também... Quando, portanto, respondi que não poderia me comprometer sem que a donzela se dedicasse ao aprendizado da língua, ela então solicitou tempo para responder."

A incerteza da donzela sobre o aprendizado do francês aparentemente levou Calvino a não mais considerá-la. "Por causa disto", continuava, "… enviei meu irmão, com um homem respeitado, para acompanhar até aqui outra donzela, a qual, caso sua reputação se confirmasse, traria um dote substancial, ainda que sem dinheiro. De fato, ela é muito elogiada por aqueles que a conhecem."

A candidata tinha um dote de virtudes em vez de um valor monetário! "Caso se concretize, como esperamos, a cerimônia do casamento não demorará além do dia dez de março. Espero que você possa estar presente para abençoar nosso matrimônio. Não posso insistir, porém, por tê-lo importunado tanto durante o ano passado… Estaria fazendo um papel ridículo caso minha esperança não se concretize novamente."

A esperança, outra vez, não se concretizou. Calvino não queria este casamento. No dia 29 de março, escreveu a Farel: "Estamos ainda num estado de incerteza quanto ao casamento, e isso me irrita consideravelmente". A dama insistia no casamento, mas Calvino tinha ouvido algumas coisas a seu respeito. "A menos que o Senhor me enlouqueça completamente", não casarei com ela, diz ele agora. "Embora seja desagradável recusar, especialmente por causa das pessoas que me cercam de tanta bondade, desejo sinceramente me livrar desta dificuldade."

Calvino estava em situação difícil. Como se livrar afavelmente de uma mulher com quem não se deseja casar? O irmão Antônio, que ajudara a arranjar este romance, foi incumbido de terminá-lo. Consideravelmente envergonhado, Calvino resolveu pensar bem antes de enfrentar novamente tal dilema. Chegou o mês de junho, e Calvino dizia: "Ainda não encontrei uma esposa. Hesito frequentemente sobre se devo ou não procurar alguém."

Então chegou agosto de 1540, e Calvino se casou. Farel veio de Neuchâtel para presidir a cerimônia. Calvino encontrara uma esposa em sua própria congregação de refugiados. Ao encontrá-la, não tardou a se casar. A esposa era viúva com dois filhos. Além de possuir todas as qualidades que Calvino enumerara em sua carta a Farel, era bastante linda também.

Idelette de Bure veio da atual província holandesa de Gelderland. Seu primeiro marido, um negociante chamado João Stordeur, abandonara suas ideias anabatistas pela pregação de Calvino na congregação de refugiados em Estrasburgo. Falecera logo após, acometido pela peste.

Calvino não poderia ter encontrado melhor esposa do que a nova Madame Calvino. Desde o início de seu casamento com o pregador francês, porém, jamais teve o marido inteiramente para si. Não foi fácil entrar no pensionato de alunos que Calvino mantinha e aturar a língua cortante da governanta. Mesmo assim, Idelette de Bure nunca se queixou. Além de ser paciente, ansiosa por servir ao marido e feliz por compartilhar com ele os trabalhos do Senhor, ela própria saía para visitar os doentes, confortar os tristes e compartilhar sua fé com outros.

Calvino, alentado por seu amor, nunca imaginou ser possível tal felicidade. Bucer estava certo quanto ao casamento — era bom ter uma esposa, uma boa esposa. Até Farel o recomendara — e Farel, com mais de cinquenta anos, continuava solteiro!

Uma nuvem pairava sobre o casamento: doença e pouca saúde. "Como se tivesse sido ordenado… que o nosso matrimônio não deveria ser excessivamente feliz, o Senhor moderou a nossa felicidade", escreveu Calvino a Farel. Menos de um mês após o casamento, o casal Calvino ficou doente, marcando o início de muitas doenças.

Ao mesmo tempo, houve uma desavença com a governanta. Numa segunda-feira, a governanta falou rudemente, "como é de seu feitio", a Antônio, que "deixou a casa silenciosamente, prometendo não voltar enquanto a governanta permanecesse comigo". A governanta também foi embora "quando ela me viu tão triste pela saída do meu irmão". O filho dela, contudo, continuou na casa. Calvino jantou demais naquela segunda-feira. "Quando agitado pela raiva ou movido por uma ansiedade fora do comum... tenho a inclinação de comer demais... o que aconteceu comigo então". Na terça-feira, ele se encontrava "atormentado pela manhã com severa indigestão". Geralmente, em tais ocasiões, não comia nada. Contudo, desta vez, sentiu que o filho da governanta "interpretaria esta abstinência como um meio indireto de me livrar dele". Por isso, tomou sua refeição à mesa, como de costume, para não desagradar ao rapaz, embora não se sentisse bem.

Pregou com dificuldade no culto vespertino de terça-feira. Desmaiou à noite. Vieram calafrios e febre, com ataques severos em dias alternados, depois do que "mal podia levantar um dedo". E, "enquanto ainda sofria da fraqueza... minha esposa contraiu uma febre de outro tipo. Ela tem estado esgotada nos últimos oito dias... que sente dificuldade em sentar-se na cama".

Duas pessoas doentes — durante nove anos de casamento — carregaram o peso de doenças frequentes sem se queixar. Era felicidade suficiente contentar-se mutuamente e com tudo o que Deus lhes provesse em suas vidas.

XI. Nas Dietas de Worms

O trabalho do Senhor não podia esperar por boa saúde. Mesmo durante a febre, Calvino estava "deliberando com Capito e Bucer, como se estivesse forte e bem."

Grandes movimentos se anunciavam no horizonte. O imperador Carlos V, chefe do enorme Santo Império Romano, cogitava a união entre igrejas protestantes e a Igreja de Roma. Ele precisava dessa união, pois os ferozes exércitos turcos ameaçavam seu império pelo oriente. Diante dessa ameaça, o imperador estaria mais fortalecido ao unificar religiosamente os estados germânicos protestantes e católico-romanos, para que lutassem lado a lado em defesa do império.

O imperador Carlos V decidiu organizar algumas conferências. Elas foram chamadas de dietas imperiais[28] e aconteceram quatro vezes, de 1539 a 1541. Os estados germânicos e cidades livres enviaram delegados às dietas. O príncipe de cada estado comparecia como chefe oficial da Igreja em sua região. Longos debates e negociações ocorreram. Representantes do Papa e porta-vozes do Protestantismo se confrontavam diariamente.

Calvino, cidadão de Estrasburgo, foi nomeado um dos delegados dessa cidade livre germânica. Não teve participação destacada nas dietas. Era, afinal, um francês entre alemães, e ter sido enviado por sua cidade germânica já era uma honra. Além disso, nutria poucas esperanças quanto ao sucesso das dietas. Como poderiam a Igreja de Roma e o Protestantismo

---

28 Assembleias políticas e religiosas convocadas pelo Imperador Carlos V (como as de Worms e Ratisbon), com o objetivo de discutir a união entre católicos e protestantes.

andar de mãos dadas? "De minha parte, pouco espero delas", escreveu a um amigo.

Contudo, com seus olhos de águia, Calvino observava tudo o que acontecia. Analisou cuidadosamente cada participante principal e cada debate importante. Suas longas cartas a Farel estavam repletas de detalhes. Parecia um repórter relatando os acontecimentos mundiais da época. O mundo inteiro era discutido nos corredores e nas muitas conversas informais.

Calvino encontrou-se nas dietas com os príncipes e teólogos alemães. Dentre eles, destacava-se Filipe Melâncton, a mão direita de Lutero, a quem Calvino conheceu em Frankfurt em meados de 1539. Uma forte amizade se estabeleceu entre ambos, durando vinte e quatro anos, até a morte de Melâncton. Melâncton, doze anos mais velho que Calvino, possuía vastos conhecimentos, era esmerado em línguas e tinha amplos recursos de erudição. Aos vinte e um anos, tinha sido nomeado professor de grego na Universidade de Wittenberg. Melâncton era brando e amante da paz. Às vezes, amava demais a paz, transigindo em assuntos nos quais deveria permanecer mais firme. Todo o seu caráter contrastava com o de seu mestre, Lutero.

Filipe Melâncton deve ter pensado consigo mesmo ao encontrar-se com Calvino: "Então, este é o homem que conhece a patrística melhor do que qualquer outro no mundo de hoje!" Que mente extraordinária por trás daqueles olhos penetrantes! Melâncton deu ao seu novo amigo francês um apelido durante uma das dietas. Calvino havia derrotado de forma contundente um teólogo católico-romano em um debate. A partir de então, Melâncton passou a referir-se a ele como "O Teólogo". Tal alcunha, vinda de Melâncton, era, de fato, um grande elogio.

Calvino, por sua vez, descreveu Melâncton como um homem de "incomparável sabedoria... piedade e outras virtudes", um homem "que merece a admiração de todas as idades". Mais tarde, escreveu: "Sei que estou muito abaixo da sua pessoa". Ainda assim, Calvino chamava seu amigo pelo primeiro nome. Não hesitava em falar com Filipe quando lhe parecia que o alemão transigia precipitadamente, sem se dispor a tomar providências quanto às muitas cerimônias ou à disciplina frouxa que grassava nas igrejas germânicas. "Tenho ultimamente falado claramente a Filipe...", escreveu a Farel.

Calvino permanecia firme como a rocha naquilo que julgava ser ensinado pela Bíblia. Contudo, nunca cessou seus esforços para reunir as igrejas protestantes. Estava disposto a tolerar diferenças de origem humana dentro das igrejas, contanto que não envolvessem doutrinas básicas. Ao comentar sobre Bucer, escreveu a Farel: "Ele não se conforma que estejamos separados de Lutero por causa dessas observâncias inconsequentes. Nem eu, certamente, as considero como justos motivos de divergência."

Calvino não transigia em assuntos de doutrina, conforme ensinados na Palavra de Deus. Gastava bastante tempo, porém, procurando converter outros ao seu ponto de vista. "Tive muitas conversas com Filipe sobre muitas coisas", comentou Calvino sobre seus dias em Frankfurt, "tendo-lhe escrito de antemão nas questões em que estamos de acordo".

Um dos grandes assuntos discutidos pelo francês e pelo alemão era a Ceia do Senhor. Como o corpo de Cristo está presente na Ceia do Senhor? Calvino e Melâncton concordavam facilmente que, ao contrário do que Roma ensinava, o pão não se transforma no corpo. Mas estaria o corpo de Cristo com o pão — dentro, abaixo e sobre o pão —, conforme insistia Lutero? Não, dizia Calvino: conforme a Escritura, o corpo e o sangue de Cristo não estão fisicamente com o pão e o vinho. O corpo e o sangue de Cristo estão espiritualmente presentes.

Após as conversas em Frankfurt, Calvino escreveu com euforia a Farel sobre Melâncton: "Quanto a ele, você não precisa ter dúvidas, pois pode considerá-lo com a mesma opinião que a nossa". Seria este um pequeno princípio de concordância entre os luteranos e Calvino? Tendo convencido o brando Melâncton, seria possível convencer também o mestre de Melâncton e os príncipes germânicos?

Do outro lado do grupo protestante, estavam os seguidores de Zuínglio, o reformador suíço. Tinham também convicções próprias sobre o corpo do Senhor na Santa Ceia. Seguindo a opinião de seu líder morto, afirmavam que a Ceia era simplesmente uma espécie de memorial à morte de Cristo. Davam-lhe menos importância do que Calvino. Nesse assunto, Calvino estava, por conseguinte, no centro, entre os seguidores de Lutero e os de Zuínglio. Por quanto tempo animaria a esperança de estender as mãos para cada lado e unir os dois grupos?

Calvino pensava nessa esperança ao escrever seu *Pequeno Tratado Sobre a Santa Ceia do Nosso Senhor*. Queria que servisse de base para uma discussão edificante entre os grupos protestantes. Sua linguagem no livro era firme, mas cautelosa. Não usou as palavras contundentes que ocasionalmente inseria em seus manuscritos.

Uma cópia desse pequeno livro, traduzido do francês para o latim, foi encontrada por Martinho Lutero em 1545 em uma livraria na Alemanha. Após lê-lo, declarou: "Eu poderia ter confiado este assunto controvertido a ele (Calvino) desde o princípio. Se os meus adversários tivessem feito o mesmo, teríamos nos reconciliado sem muita demora."

Martinho Lutero jamais se encontrou com João Calvino. Mencionou-o a Bucer, que era amigo de Lutero. "Saudações reverentes a Sturm e Calvino, cujos livros tenho lido com especial satisfação", escreveu o grande reformador alemão. Lutero havia dito mais sobre Calvino. Melâncton o relatou a Calvino, e Calvino escreveu a Farel: "Filipe... escreveu assim: "Lutero e Pomeranus enviaram saudações a Calvino; Calvino é visto com simpatia por ambos!" Calvino relata ainda a Farel: "Filipe me informou que algumas pessoas, com o intuito de irritar Lutero, mostraram-lhe um trecho em que ele e seus amigos são criticados por mim; examinando então a passagem... concluiu: 'Espero que Calvino algum dia nos veja com melhor simpatia; mas, seja como for, é bom que ele tenha mesmo agora uma prova do nosso bom ânimo para com ele'." "Se não ficássemos sensibilizados por tal moderação", acrescenta Calvino, "seríamos de pedra. Quanto a mim, sinto-me profundamente sensibilizado."

Alguns anos mais tarde, quando Lutero começou a "trovejar veementemente sobre a Ceia do Senhor", Calvino o defendeu perante o líder dos seguidores de Zuínglio. "Lembrai-vos da grandeza de Lutero", escreveu, enumerando suas realizações. "Mesmo que me chamasse de diabo", aduziu Calvino, "eu o honraria e o chamaria de ilustre servo de Deus".

Calvino escreveu uma carta a Lutero nos anos que antecederam sua morte, época em que o alemão se irritava com maior facilidade. Calvino enviou a carta a Melâncton, que nunca a remeteu a seu mestre. "Não mostrei sua carta ao Dr. Martinho", explicou Melâncton a Calvino. "Ele desconfia de muita coisa e não gosta que respostas a perguntas como as suas sejam levadas daqui para ali, de mão em mão". Na referida carta, Calvino havia enviado alguns de seus manuscritos, pedindo que fossem comentados por Lutero. E havia concluído da seguinte maneira: "Pudera voar para junto de vós, para gozar, mesmo por poucas horas, a felicidade da vossa companhia... Mas, já que isso não nos é concedido na terra, espero que isso ocorra brevemente no reino de Deus. Adeus, mui renomado senhor, mui ilustre ministro de Cristo e meu pai sempre-honrado."

Quem poderá dizer o que teria acontecido à Igreja Protestante se o Senhor tivesse conduzido os gigantes da Reforma a crerem nas mesmas verdades básicas da Palavra? Esse dia nunca esteve tão próximo como na época em que Calvino, Lutero e Melâncton se conheceram pessoalmente ou por carta. Embora nunca tivessem alcançado o acordo e a unidade com que Calvino sonhava, falavam um do outro com palavras de amizade e estima. Apesar de suas diferenças, consideravam-se irmãos em Cristo. É uma lição que podemos aprender hoje dos grandes reformadores.

XII. Um Chamamento do Alto

João Calvino chorava, sufocando os soluços para abafar o barulho. Suas mãos cobriam-lhe o rosto.

Ao seu lado, uma carta. Vários homens tinham viajado centenas de quilômetros a cavalo para entregá-la. Foram primeiramente a Estrasburgo, esperando encontrar ali o pregador francês. O Conselho de representantes de Estrasburgo os havia informado que o Pastor Calvino estava em Worms representando a cidade na terceira dieta imperial ali reunida.

Os mensageiros prosseguiram viagem, entrando pelo portão da cidade de Worms. Conduzindo seus cavalos pelas ruas, encontraram, afinal, o destinatário da carta, que lhes foi entregue solenemente.

"Ao doutor Calvino, ministro do Evangelho" — eram estas as palavras formais no exterior da carta. Dentro, em tom mais cordial, a missiva continuava:

"Monsieur, nosso bom irmão e amigo especial: Recomendamo-nos mui afetuosamente a vós, pois estamos inteiramente informados de que não tendes outro desejo senão o crescimento e o progresso da glória e da honra de Deus, e da Sua sagrada Palavra. Em nome dos Conselhos Pequeno, Grande e Geral... rogamos ardentemente para vos transferirdes para nós, voltando para o vosso velho lugar e antigo ministério; e esperamos, com o auxílio de Deus, que isto seja um grande benefício, e frutífero para a multiplicação do santo Evangelho, pois nosso povo vos deseja de volta, e se conduzirá a vosso respeito de tal maneira, que tereis motivo para descansar sem preocupação."

"Vossos bons amigos, 22 de outubro de 1540. Os síndicos e conselhos de Genebra".

O selo oficial da cidade estava sobre cera na parte inferior. No selo, o lema: *Post Tenebras Spero Lucem*[29] — "Após a Escuridão Espero a Luz".

---

29 Era o lema oficial da cidade de Genebra, simbolizando a esperança após as lutas pela liberdade e a reforma.

E agora, o homem que estava sendo tão urgentemente convidado a voltar a Genebra estava sentado, chorando, com a carta ao lado. Os mensageiros tinham voltado, após acrescentarem suas próprias palavras de instância à mensagem da carta. Ao redor de Calvino, sentavam-se os homens de Estrasburgo que o acompanhavam em Worms para a dieta imperial. Ele os chamara para pedir-lhes conselhos. Duas vezes, ao conversar com eles, Calvino deixou a sala para controlar as lágrimas que lhe interrompiam as palavras.

"Ajudem-me!", implorou Calvino aos seus companheiros. "Digam-me o que devo fazer. Não me considerem nem aos meus sentimentos. Pensem somente no que é melhor para meu crescimento no Evangelho e para a glória de Deus. Estou em agonia diária. Tenho lutado com esta decisão e não sei como responder. Ajudem-me, meus fiéis amigos. Confio em sua opinião."

Os homens de Estrasburgo responderam sinceramente: "Bom, irmão, você sabe o quanto nossa cidade o quer. Quando os mensageiros chegaram a Estrasburgo, o Conselho de Estrasburgo enviou um cavaleiro veloz até aqui em Worms para que o impedíssemos de prometer qualquer coisa a Genebra. Quando consideramos o que, para nós, seria melhor para a glória de Cristo, desejamos ardentemente conservá-lo em Estrasburgo. Mas, se a vontade de Deus é outra, como poderíamos impedi-lo? Espere, no entanto, até a conclusão da dieta, e considere então qual seria a vontade do Senhor."

Calvino esperou na mesma cidade onde, quase vinte anos antes, Martinho Lutero tinha tomado uma corajosa atitude perante o imperador. "É esta a minha posição. Não posso agir de outra maneira. Assim, me ajude, Deus." Foram estas as palavras imortais de Lutero. E agora Calvino estava na mesma cidade amuralhada, longe de casa e de sua nova esposa, hospedado numa pensão e dormindo num quarto com numerosos delegados. Sentia-se fraco ainda, como resultado da febre que o atacara em setembro. Durante a espera, conversava com Melâncton. Discutiam em particular sobre assuntos de fé. Foi aqui em Worms que mereceu de Melâncton o apelido de "O Teólogo".

As centenas de delegados ficavam cada dia mais inquietas. Não havia sinal de que a dieta começaria. O duque de Granvelle, nomeado para dirigir a dieta, ainda não tinha chegado. Finalmente, com quase um mês de atraso, apareceu em Worms. Seguiram-se, então, semanas de discussão sobre a ordem e o método do debate a ser travado. Finalmente, no dia 14 de janeiro de 1541, começou o debate propriamente dito. Calvino tinha estado em Worms desde 1.º de novembro do ano anterior!

Naqueles dois meses e meio, Calvino continuou a lutar com o problema de Genebra. Não era um problema novo. A carta entregue em Worms não constituiu surpresa; era simplesmente um peso adicional à carga que já estava suportando. O fardo de Genebra: Calvino teria conseguido se livrar dele em qualquer momento, mesmo quando deixara aquela cidade rebelde ou ao tornar-se cidadão da pacífica Estrasburgo?

Cinco meses após sua saída de Genebra, Calvino tinha escrito uma carta à Igreja naquela cidade. Escreveu outra, nove meses mais tarde, aconselhando os membros a promoverem a paz e o amor fraternal. Em setembro de 1539, gastou seis dias escrevendo quinze mil palavras em resposta ao cardeal que tentava persuadir Genebra a voltar para a Igreja de Roma. Que resposta magnífica! O cardeal não mais tinha se aventurado a abrir sua eloquente boca.

Esse cardeal ilustrado, Sadoleto, tinha escrito uma carta lisonjeira e persuasiva a Genebra, em abril de 1539. Nela, louvou a cidade e o povo em linguagem extravagante: "Que pena que os anarquistas protestantes criaram tanta confusão na vossa fiel Igreja Católica-Romana", disse Sadoleto. "Agora que tendes triunfalmente expulsado os ministros agitadores da vossa cidade, desejamos carinhosamente convidar-vos a voltar aos braços da Igreja mãe, a eterna Igreja de Roma."

Ninguém em Genebra tinha conseguido responder à impressionante carta de Sadoleto. Amigos de Calvino enviaram-lhe uma cópia, sugerindo que respondesse. Como poderia recusar? Ele respondeu ao Cardeal, não somente para evitar a volta de Genebra a Roma, mas também porque ainda se considerava cidadão de Genebra. Escrevendo sobre a Igreja de Genebra, Calvino disse a Sadoleto: "Deus, ao confiá-la a mim, obrigou-me a ser-lhe fiel para sempre. Agora, pois, quando vejo as piores armadilhas preparadas para aquela igreja, cuja segurança foi-me legada pelo Senhor... quem me aconselhará a aguardar o resultado silenciosa e despreocupadamente?". Nesta convicção, Calvino escreveu as quinze mil palavras ao cardeal e o fez silenciar-se.

Em Estrasburgo, Calvino continuava a ter notícias das ocorrências em Genebra. Os quatro novos ministros da igreja em Genebra eram homens fracos, que se dispunham a seguir a onda do povo. Dois deles eram bonecos de Berna. A vida livre da cidade continuava cada vez mais desenfreada. Havia até quem passeasse nu pelas ruas ao acompanhamento de pífaro e tambor.

A reação iniciou-se paulatinamente. Os Conselhos passaram leis mais severas, embora não as fizessem cumprir. Os quatro síndicos que se opuseram a Calvino já não tinham seus mandatos. Um foi enforcado por traição à cidade, sendo culpado de uma trama para entregar Genebra a Berna. Outro síndico, acusado do mesmo crime, pulou de uma casa localizada no muro da cidade, preferindo quebrar assim o pescoço a ser enforcado. Os outros dois síndicos fugiram apressadamente da cidade. Mais tarde, os dois ministros enviados por Berna também foram embora.

Em meio a toda a confusão, crescia o sentimento de que Genebra não poderia sobreviver sem a mão firme de Calvino. Em março de 1540, menos de um ano após a expulsão de Calvino, amigos escreveram-lhe manifestando a esperança de que seria convidado a voltar. Estremecendo, Calvino escreveu a Farel: "Preferiria submeter-me à morte cem vezes a àquela cruz, na qual a gente tinha de morrer mil vezes diariamente. Comunico-lhe esta informação para que você possa usar todas as suas forças para opor-se às medidas daqueles que se esforçarão para atrair-me de volta para lá."

O amável Pedro Viret, pastor em Lausanne, também tinha ouvido o boato. Tinha escrito a Calvino, animando-o a considerar Genebra, também pelo seu ar montanhês e clima excelente. Com um sorriso, Calvino respondeu em maio de 1540: "Li aquela passagem de sua carta em que você mostra tanta preocupação pela minha saúde, e, por este motivo, recomenda Genebra... Muito preferível seria perecer de uma vez do que ser atormentado novamente naquele lugar de tortura.

Portanto, meu caro Viret, se você me quer bem, não mencione tal proposta."

Os Conselhos de Genebra se mexeram em setembro de 1540. No dia 21, o Pequeno Conselho pediu a um dos seus mais ilustres membros, Ami Perrin, "para encontrar meios, caso possível, para trazer de volta Monsieur Calvino como pregador". A 13 de outubro, resolveu-se escrever uma carta "a Monsieur Calvino para que nos ajude". A 19 de outubro, o Conselho de Duzentos resolveu chamar "Monsieur Calvino como pregador" para que "a honra e a glória de Deus possam ser promovidas". E, no dia 20 de outubro, o povo de Genebra reuniu-se no Conselho Geral. "Precisamos ter Calvino", bradaram, e, unânimes, decidiram "mandar buscar Monsieur João Calvino em Estrasburgo para ser ministro nesta cidade".

Foi assim que Calvino começou a receber as cartas e os mensageiros especiais. Genebra também pediu aos cantões protestantes de Berna e Zurique que persuadissem Estrasburgo a renunciar ao seu notável cidadão. Zurique estava disposta. Berna, porém, não manifestava nenhum entusiasmo sobre o assunto, pois não tinha conseguido impor sua autoridade sobre Genebra.

Muitas pessoas escreveram cartas particulares de encorajamento. "Triunfe, venha depressa, irmão, venha, venha, para podermos nos alegrar em Deus, nosso Redentor", escreveu alguém. Outra pessoa, um dos ministros que tinha deixado a cidade, escreveu: "Não diga 'Não'. Você estaria resistindo ao Espírito Santo, e não aos homens. Lembre-se dos frutos que aguardam a colheita na França. A igreja em Genebra é importante... nenhum mortal é capaz de dirigi-la com tanto vigor, tanta sabedoria e tanta capacidade quanto a sua. Um dos dois ministros, que tinha anteriormente falado contra Calvino, dizia agora: "Venha, honrado pai em Cristo, você nos pertence, pois o próprio Senhor o deu a nós. Todos têm saudades de você."

Viret, que tinha concordado em ir a Genebra por seis meses como auxiliar temporário, escreveu ao seu amigo: "Não demore. Venha para edificar e alegrar a igreja que está em miséria, pesar e tristeza."

E Farel — tantas vezes encontrava portador, tantas vezes enviava nova carta com efeito de bomba ao homem que outrora tinha feito permanecer em Genebra. Calvino, lutando com a decisão que teria de tomar, respondeu a uma das cartas de Farel: "Os raios que você tão estranhamente lança sobre mim, por razões que desconheço, encheram-me do maior terror e consternação. Você sabe que tenho receado esta convocação, mas não tenho permanecido surdo diante dela. Por que, então, atacar-me com tanta violência a ponto de quase romper nossa amizade?"

"Aos Magníficos e Honrados Senhores Síndicos e Conselho de Genebra", Calvino tinha escrito de Estrasburgo no dia 23 de outubro de 1540: "... Posso testificar diante de Deus que tenho vossa igreja em tanta consideração que jamais deixaria de ajudá-la em tempos de necessidade... Por outro lado, não posso demitir-me do meu trabalho, menosprezando a obrigação... para a qual o Senhor me chamou (em Estrasburgo), sem que primeiro eu seja dela exonerado por meios regulares e fiéis... Ademais, o Conselho de... Estrasburgo já tomou as providências... para que eu vá com alguns dos meus irmãos à Assembleia em Worms, não para servir uma igreja só, mas para o interesse comum, em cujo número a vossa está incluída... Prometo-vos que não vos negarei nada da minha parte naquilo que estiver ao meu alcance, fazendo o possível para vos servir na medida que Deus permitir."

Calvino escreveu novamente de Worms aos honrados senhores de Genebra, após ter recebido sua última delegação de mensageiros. "Talvez se torne necessária minha participação noutra dieta imperial", explicou aos conselheiros, mas "no instante... em que for dispensado desta, prometo-vos que farei o possível para ajudar-vos, caso a igreja e o conselho de Estrasburgo me dispensem".

Calvino escreveu a Farel em outubro de 1540: "Quando pondero que não sou meu, ofereço meu coração como um sacrifício ao Senhor... Entrego minha alma em obediência a Deus, acorrentada à presa". Esta era a única maneira. Mesmo que o levasse de volta a Genebra, era a única maneira, apesar de Calvino ter descrito a cidade a Viret da seguinte maneira: "Não há lugar sob o céu do qual tenho maior receio".

Mas o lado humano de Calvino batalhava contra sua volta à cidade no lago. Seria "morrer diariamente mil vezes". Ele escreveu aos pastores de Zurique que tinham instado para que voltasse a Genebra: "Se eu seguisse, por conseguinte, as minhas próprias inclinações, preferiria viajar além do mar para lá retornar."

Com o passar dos meses, a decisão tornou-se mais clara. "Não posso explicá-lo, mas começo a sentir-me com tendência a tomar o leme na mão", escreveu Calvino a Viret. A decisão não foi agradável, mas estava clara. A igreja de Estrasburgo havia concordado em deixá-lo sair, embora Bucer insistisse que seria por pouco tempo, até que as coisas se normalizassem em Genebra. "Entretanto, o conservaremos sempre como cidadão e pagaremos seu salário de professor", propôs o conselho de Estrasburgo. Calvino aceitou a cidadania como sinal da estima do Conselho, mas recusou o salário.

A dieta em Worms havia fracassado. Após três dias de debates formais, o imperador enviara ordens para dissolvê-la. Esse processo era comum quando não se podia prever nenhum progresso. A quarta dieta estava marcada para março na cidade alemã de Ratisbon. Calvino e seus companheiros retornaram de Worms no dia 23 de janeiro de 1541. Tinham estado ausentes de Estrasburgo por quase três meses. Após um mês em casa, estavam novamente na estrada, viajando aos solavancos numa carruagem, agasalhados por cobertores e peles para protegê-los do tempo glacial.

Foi longa a viagem a Ratisbon, cidade localizada no coração dos territórios católico-romanos. O gelo no Rio Danúbio derreteu o suficiente para permitir que os homens de Estrasburgo viajassem sete dias numa grande balsa. Sua carruagem e cavalos flutuavam com eles na balsa, juntamente com seus livros e papéis, material para refeições, cobertores e roupas. "Estou sendo arrastado a Ratisbon contra a minha vontade", escreveu Calvino a Farel. "Sinto que a viagem vai ser bastante aborrecida... Receio que haja uma demora prolongada, pois às vezes, eles estendem as dietas por dez meses... Mas seguirei por onde Deus guiar, pois Ele sabe melhor a razão da imposição desta necessidade sobre mim."

Em Ratisbon, Calvino e seus companheiros receberam a cruel notícia de que a peste estava grassando em Estrasburgo.

Os que podiam, estavam fugindo da cidade para salvar suas vidas. Idelette tinha ido à casa do irmão. Antônio e Marie tinham fugido para uma pequena cidade na região. Claude Ferey, refugiado francês e professor, e um dos mais queridos amigos de Calvino, estava morto. Um pensionista na casa de Calvino também, um rapaz que lhe era muito estimado. Numa singular carta escrita de Ratisbon, Calvino extravasou sua simpatia ao pai do rapaz. Escreveu a Farel: "Dia e noite, minha esposa está continuamente nos meus pensamentos, pois está sozinha e sem conforto".

Preocupados e tomados de pesar, os homens de Estrasburgo esperavam em Ratisbon o início da maior das quatro dietas.

Março, abril, maio: os debates avançavam palmo a palmo. Houve algum acordo, surpreendentemente, até que o assunto da Santa Ceia apresentou a mesma barreira intransponível. Calvino continuava a escrever longos relatórios a Farel: "Filipe e Bucer estão propondo fórmulas ambíguas e insinceras concernentes à transubstanciação", escreveu, "para tentarem satisfazer a oposição sem conceder coisa alguma. Não posso concordar com isso", embora ambos estejam procedendo "com a melhor das intenções, e não têm outro motivo... senão a promoção do reino de Cristo".

"Nada poderá advir disso", pensou Calvino. Pediu licença a Bucer para regressar a Estrasburgo. Bucer concordou com relutância. Calvino encetou a longa viagem de volta, chegando a 25 de junho.

Exceto pela alegria de encontrar Idelette viva, o regresso foi sombrio. Em seu próprio lar e nos lares de muitos outros, havia lugares vazios daqueles que a peste tinha levado. Calvino visitou as famílias enlutadas, confortando-as. Pregou novamente à sua congregação de refugiados. Olhava as pessoas conhecidas e via os lugares familiares em Estrasburgo como alguém que estaria em breve dizendo adeus a todos e a tudo. As cartas continuavam a chegar de Genebra e de outros lugares da Suíça. Já tinha feito sua promessa perante Deus. Poderia protelar ainda mais sua volta a Genebra?

"Você está, porventura, esperando que as pedras clamem?", Farel tinha bradado em sua última carta. "Se você tivesse sido tão lerdo ao sair quando nos expulsaram da cidade, quanto você está sendo ao regressar, apesar de todos os apelos, as coisas não estariam agora nesse pé!"

Os Conselhos de Genebra enviaram um arauto oficial a cavalo para esperar por Calvino e escoltá-lo de volta. O Conselho de Estrasburgo, relutante em perder seu pastor francês, enviou uma carta a Genebra. "Finalmente ele vai para vós", dizia a carta, "este incomparável, este raro instrumento do Senhor. Nosso século não conhece nenhum outro como ele — se é que, além dele, ainda se possa mencionar outro."

Nos primeiros dias de setembro de 1541, escoltado pelo arauto, Calvino encetou viagem de volta a Genebra. Juntamente com Idelette, tinham resolvido sabiamente que ela deveria permanecer em Estrasburgo até que se mandasse buscá-la.

Com as lágrimas anuviando os olhos, Calvino cavalgou para fora da pacífica cidade onde tinha gastado três frutíferos anos. O Senhor o estava enviando de volta às tempestades de Genebra. Ninguém sonhava — e muito menos Calvino — que dentro de oito anos sua igreja de refugiados franceses seria forçada, por edital do imperador, a sair da pacífica cidade de

Estrasburgo, e que Bucer seria forçado a exilar-se na Inglaterra. Ninguém sonhava, muito menos Calvino, que a turbulenta cidade a que se destinava tornar-se-ia para todo o sempre a cidade mundial da Reforma.

Na terça-feira, 13 de setembro de 1541, dois homens a cavalo se aproximaram do velho portão Cornavin de Genebra. Adiante, elevavam-se as torres de São Pedro.

A sentinela armada, junto ao portão, espreitava pelo seu capacete, acompanhando os movimentos dos cavaleiros que se aproximavam. O primeiro cavaleiro trajava as vestes de um arauto de Genebra e carregava o estandarte da cidade. Mas quem era o segundo homem, embrulhado numa capa preta? A sentinela olhou com mais cuidado e então o conheceu.

Era este o homem aguardado por toda a cidade de Genebra.

$\left[\text{Parte III}\right]$

LUZ APÓS TREVAS

I. O novo lar de Genebra tinha Calvino novamente.

Ele estava de pé, na velha sala do Conselho, com sua toga preta, enquanto vinte e cinco pares de olhos o fitavam. Ele estava mais velho e sério do que quando o expulsaram da cidade, parecendo mais afável e cortês. Sabiam que sua fama também se espalhava por toda a Europa.

Os conselheiros sentiam-se aliviados pela volta de Calvino. Genebra não podia dispensá-lo. Tinham alguns presentes prontos para a recepção. Havia uma toga de veludo preto, guarnecida de peles, e uma casa na Rua do Canhão, uma rua curta e estreita perto da Catedral. Por trás da casa, havia um jardim que dava para o lago azul. Em São Pedro, um novo púlpito, entalhado em madeira e graciosamente afixado a uma das enormes pilastras de pedra, o aguardava. Os Conselhos enviaram um arauto e uma carruagem a Estrasburgo para trazer a Senhora Calvino e sua filha Judite. E o secretário registrou a decisão dos vinte e cinco conselheiros: "Resolve-se conservar Calvino aqui para sempre".

Genebra tinha Calvino de volta. Isso não acontecera a seu pedido. Ele não o havia solicitado quando, pela primeira vez, parara em Genebra para pernoitar. Tampouco havia procurado Estrasburgo. Mas ele não era seu próprio Senhor. Seu coração, "um sacrifício imolado", fora entregue voluntariamente ao seu Mestre. Estava pronto para ir aonde quer que o Senhor o mandasse. Mesmo assim, não seria humano recuar um pouco ao se lembrar das feias turbas e da maldade interminável de Genebra? Calvino escreveu a Farel, com um leve tom de culpa em suas palavras: "Como era da sua vontade, aqui estou morando; que o Senhor o faça redundar para o bem".

Calvino não perdeu tempo. Logo propôs alguns planos. "Imediatamente após oferecer meus serviços ao conselho", escreveu a Farel, "declarei que uma igreja não poderia sobreviver sem que se chegasse a um acordo sobre uma forma de governo, tal como nos é ensinada na Palavra de Deus e semelhante àquela da igreja primitiva. Então, com brandura, abordei alguns pontos..."

Firme, mas gentilmente — era este o caminho. Concentrar-se nas coisas grandes. Passar por cima das pequenas coisas que irritam e aborrecem. Não odiar ninguém. Perdoar o passado. E, a todo preço, não dar margem à raiva. Deveria fazer assim, apesar da dor de cabeça, dor de estômago, asma ou qualquer outra doença. Fazer assim, apesar de todos os inimigos e dificuldades escondidos sob a mansa superfície da recepção. Fazer assim em uma cidade onde a igreja de Cristo havia caído no caos e onde a reforma da igreja significava reformar a cidade inteira, visto que a cidade inteira pertencia à igreja. "Deus e os anjos, que nos veem", olhavam o homem carregado de responsabilidades na casa da Rua do Canhão e o encontravam frequentemente de joelhos, orando com sua Bíblia aberta diante de si. Pedia força para si mesmo e orava a favor da igreja e da cidade para as quais fora chamado.

Um dia ou dois após a volta de Calvino, o grande sino Clemence de São Pedro convocava o povo para um culto especial. Os Conselhos assistiram em grupo, com seus membros trajando as cores preta e cinza da cidade. Calvino estava no novo púlpito, falando solenemente sobre os terríveis acontecimentos no mundo. Os turcos estavam invadindo a Hungria. A peste devastava as cidades e vilas da Alemanha. O fogo da feroz perseguição na França continuava a queimar. Humilhemo-nos diante do Senhor, conclamava a clara voz do novo púlpito. Oremos pelo mundo e pelos nossos irmãos. E que o Senhor Deus Todo-Poderoso tome a nossa cidade sob a Sua proteção. Amém.

No primeiro domingo, João Calvino ocupava o púlpito novamente. O povo esperava que ele falasse sobre as razões do seu exílio e de sua vida, mas ele não proferiu nenhuma palavra de censura. Era costume seu pregar a partir de um livro da Bíblia, capítulo por capítulo, versículo por versículo. Começou a pregar no exato versículo em que havia sido interrompido há três anos.

"Durante o primeiro mês após reassumir o ministério, tive tantas ocupações e tantas irritações, que quase fiquei esgotado... Isto, porém, de alguma forma me consola e refresca, pois não trabalhamos em vão, sem que algum fruto apareça". Assim escreveu Calvino a um amigo em Basileia. Conservava Viret consigo em Genebra para ajudá-lo e dizia a Farel: "De nenhuma forma permitirei que ele seja afastado de mim."

Um mês após sua volta a Genebra, Calvino escreveu humildemente a Bucer, o paternal pastor que havia deixado em Estrasburgo: "No que de mim depender, não darei a ninguém motivo para ofensa... Até eu não mais aguentar, você não precisará lançar dúvidas sobre a fiel prática daquilo que lhe prometi. E, se de qualquer maneira eu não corresponder à sua expectativa, você sabe que estou sob o seu poder e sujeito à sua autoridade. Admoeste, corrija e exercite todos os poderes de um pai sobre o seu filho. Perdoe minha pressa... Estou envolvido em tantos afazeres que estou quase louco."

Entretanto, Idelette arrumava a casa no número 11 da Rua do Canhão. Era uma melhoria agradável do pensionato de Estrasburgo. Os Conselhos haviam colocado alguns móveis na casa. Era o tipo de coisa que emprestavam a qualquer ministro de Genebra. Havia duas camas de imbuia e uma de bordo para os três pequenos quartos no andar superior. Para o andar térreo — sala, escritório e cozinha — havia peças como uma mesa quadrada de imbuia com um banco de bordo, um aparador de imbuia, duas malas de imbuia reforçadas com ferro, quatro mesas compridas de pinho, mais duas mesas de imbuia, uma dúzia de cadeiras ou tamboretes e uma escrivaninha. A escrivaninha foi colocada no escritório, juntamente com dois bancos, um para Calvino e um para visitantes. No escritório havia também uma alta estante para livros e uma escada portátil para alcançar os livros nas prateleiras mais altas.

A casa de Calvino, na Rua Canhão n.º 11, onde Idelette ou Antônio
recebiam refugiados, mensageiros ou estudantes.

Idelette tornou a casa mais atraente com as coisas que ela havia
trazido de Estrasburgo.

No início da rua curta e estreita, havia uma fonte onde as
mulheres lavavam roupa e apanhavam água para suas casas. Os
cavalos ali paravam também para saciar a sede.

Idelette plantava verduras no quintal atrás da casa. Ela
conseguia manter a casa razoavelmente bem com o salário
que Genebra dava ao seu marido. Calvino recebia quinhentos
florins por ano, e mais doze medidas de milho e duas pipas
de vinho. O fubá era suficiente para assar mais de vinte pães
por semana. O vinho era o suficiente para o consumo de duas
garrafas por dia. O salário de Calvino era um pouco mais alto
do que o dos outros ministros porque, conforme afirmavam
os Conselhos, o Mestre Calvino estaria hospedando muitas
pessoas que passariam pela cidade. Havia ocasiões em que
essas pessoas não somente passavam pela cidade, mas também
ficavam na pequena casa da Rua do Canhão, fazendo com que
Idelette se visse em apuros para espichar seu pão e vinho.

A irmã de Calvino, Marie, casou-se com um cidadão de Genebra chamado Costan e morava em sua casa própria. Seu irmão Antônio casou-se no ano após a volta de Calvino a Genebra. Após algum tempo, Antônio comprou um sítio fora dos muros da cidade, mas residia habitualmente com sua família na casa da Rua do Canhão.

Calvino, Idelette, sua filha Judite, Antônio, sua esposa Ana e seus quatro filhinhos — todos moravam na casa de Calvino. Além disso, havia um constante entrar e sair de visitas e mensageiros.

Não em um retiro sossegado, mas no meio desse burburinho de atividades, Calvino preparava sermões e palestras, escrevia cartas e os manuscritos de seus grandes livros e demais opúsculos.

II. As ordens

Calvino começou sua segunda estada em Genebra escrevendo um documento. O Pequeno Conselho havia concordado com um governo para a igreja, e apenas duas semanas após seu retorno, Calvino já havia preparado um relatório detalhado. As Ordens Eclesiásticas da Igreja de Genebra foram submetidas aos Conselhos da cidade para aprovação. O documento continha muitas das ideias que Calvino havia desenvolvido e amadurecido em sua mente durante os anos pacíficos em Estrasburgo.

O Pequeno Conselho debateu e fez algumas mudanças nas ordens. O Conselho de Duzentos fez o mesmo. Ambos tiveram o cuidado de salvaguardar sua autoridade sobre a igreja. Precisavam de Calvino de volta em Genebra, mas sem a intenção de permitir que ele, ou a igreja, assumisse qualquer parcela de sua autoridade. Sem mostrar a cópia modificada para os ministros, os Conselhos convocaram os cidadãos. Sob o alto teto de São Pedro, o povo, reunido em Conselho Geral, aprovou as Ordens no domingo, 20 de novembro de 1541.

As ordens abordavam muitas coisas.

Começavam estabelecendo quatro funções na igreja: ministro, mestre, presbítero e diácono.[30] Este era o âmago do plano de Calvino para a igreja de Genebra. Calvino seguiu o plano da igreja do Novo Testamento. Especificou cuidadosamente as condições e deveres de cada ofício.

Havia também um programa completo para a igreja. "Cada domingo haverá um sermão em São Pedro e Saint Gervais ao raiar do dia e à hora de praxe (nove horas)... Ao meio-dia, haverá catecismo, isto é, instrução para as crianças nas três igrejas... Às quinze horas, outro sermão... Além disso..., nos dias de trabalho haverá sermão em São Pedro três vezes por semana: às segundas, quartas e sextas-feiras". Assim, o povo de Genebra teria ampla oportunidade de ouvir a Palavra de Deus, caso fosse à igreja com regularidade.

O batismo seria realizado na igreja, não em casa, com pia batismal perto do púlpito, e não junto à porta. Para a Ceia do Senhor, "as mesas deverão ser colocadas ao lado do púlpito", e o povo deveria ir à frente em grupos para tomar seus lugares às mesas.

---

30 Ofícios de liderança leiga restaurados por Calvino na igreja, seguindo o padrão do Novo Testamento. O presbítero era responsável pela disciplina e governo, e o diácono, pela assistência social.

"Ninguém deve ficar doente de cama por três dias sem informar o ministro…" "Sábado após o almoço" é a hora estabelecida para visitar prisioneiros, incluindo "os que estiverem presos com ferros e que não possam ser levados para fora". E assim por diante.

Calvino tratou novamente o problema espinhoso sobre quem teria o poder da excomunhão, embora com maior tato. Por determinados pecados persistentes, após três avisos, a pessoa deveria ser informada pela igreja para "abster-se da Ceia até que se constatasse uma mudança na vida". Contudo, mesmo na rebelde cidade de Genebra, isso "deveria ser feito com… moderação… pois mesmo as correções são simples remédios para trazer pecadores de volta ao nosso Senhor". Havia severidade nisso?

Calvino escreveu as ordens para a igreja de Genebra. Contudo, outras igrejas ao redor do mundo têm usado este famoso documento. É o fundamento do governo eclesiástico em todas as igrejas reformadas e presbiterianas, embora tenha havido modificações para se adequar à época e ao lugar. Por exemplo, Calvino teve de aceitar, "na atual condição da igreja", que os presbíteros fossem nomeados pelos Conselhos da cidade, visto que, em sua época e cidade, a igreja e o governo estavam entrelaçados. Não era isso que Calvino queria. Em suas *Institutas*, ele havia deixado bem clara a necessidade de a igreja estar livre do controle governamental. Mais importante, todavia, foi o fato de Calvino ter restabelecido os ofícios de presbítero e de diácono, seguindo o padrão do Novo Testamento. Não existiam presbíteros e diáconos leigos na Igreja de Roma. Calvino restituiu o leigo a um lugar de autoridade e liderança na igreja de Cristo.

As ordens, debatidas e modificadas pelos conselhos, ainda conservavam as ideias básicas de Calvino, que haveriam de influenciar igrejas em muitos países e durante séculos. Em vez de um título no documento, os Conselhos escreveram as seguintes palavras:

> Em Nome de Deus Todo-Poderoso, nós, os Síndicos do Pequeno e do Grande Conselho, reunidos com o nosso povo ao som de trombeta e grande sino, de acordo com nossos antigos costumes... ordenamos e estabelecemos que deverá ser seguida e observada em nossa cidade e território a Constituição Eclesiástica que segue, por ser ela tirada do Evangelho de Jesus Cristo.

Aprovar e aceitar as ordens por resolução escrita e pública era uma questão; colocá-las em prática na vida do povo era algo bem diferente. Os Conselhos levaram dois meses para aprovar as ordens. Quatorze anos tempestuosos foram necessários para colocá-las em prática.

Antes que os primeiros murmúrios de descontentamento fossem ouvidos, o terror tomou conta de Genebra.

"A peste avança sobre nós", escreveu Calvino a Bucer. "Se ela nos poupou neste inverno, mal poderemos escapar na primavera."

III. A peste

As ruas de Genebra estavam desertas. Escolas e vendas estavam fechadas. As poucas pessoas que vinham à igreja aos domingos sentavam-se longe umas das outras, entreolhando-se desconfiadamente. O único som ouvido nas ruas era o tilintar das campainhas da carroça funerária. Os corpos dos mortos eram amontoados na carroça e não recebiam um enterro decente, por serem portadores dos terríveis germes. Do lado de fora dos muros da cidade, o hospital, chamado de "a casa da peste", estava repleto de doentes e moribundos.

A peste havia chegado a Genebra na primavera de 1542. Alguns afirmavam que a mortífera epidemia fora trazida por soldados suíços que passaram pela cidade. Nas ruas estreitas, com a notória falta de higiene, a peste propagou-se como um incêndio incontrolado.

Quem seria o pastor a ir à beira dos leitos para consolar os doentes e preparar os moribundos para a morte? O refugiado francês, Pastor Pedro Blanchet, apresentou-se. "Seu oferecimento foi aceito", registrava o Conselho. Ele entrou no hospital de peste fora dos muros da cidade e, fielmente, visitou leito a leito até que ele mesmo jazia doente, moribundo, morto.

Calvino havia se apresentado, apesar de sua própria saúde debilitada e de sua preocupação por Idelette, que esperava o primeiro filho deles. As atas do Conselho revelam que Calvino fora recusado em seu propósito de servir no hospital da peste, "devido à grande necessidade que a igreja tinha de seus serviços."

A peste estava grassando em muitas cidades, atacando Estrasburgo também. Ali, Bucer perdeu sua gentil esposa Elizabeth, que, por vinte anos, havia cuidado dele e de todos os refugiados que encontravam abrigo em seu lar. Quatro das seis crianças da família Bucer também faleceram, e Capito, o ministro assistente de Bucer, foi morto pela peste. Ele foi enterrado um dia antes da morte de Elizabeth Bucer.

Em Genebra, a peste veio e foi embora, mas voltou em 1545. Outro jovem ministro apresentou-se para servir no hospital da peste e ali morreu. O povo, tomado por uma histeria de medo, acreditava que uma trama terrível estava em operação. Pensavam que alguns homens e mulheres, em conluio com empregados do hospital, preparavam um unguento com material infectado dos pacientes. O líquido era então colocado nas maçanetas das portas da cidade, espalhando a peste na esperança de se apoderarem dos pertences dos que morressem. Calvino também acreditava que algo assim estava ocorrendo. Talvez estivesse. Calvino escreveu a um amigo em Basileia: "O Senhor está nos colocando à prova neste trimestre. Foi descoberta recentemente uma conspiração de homens e mulheres que, há três anos, espalhavam a peste pela cidade... Quinze mulheres já foram queimadas; alguns homens já foram punidos com maior severidade; alguns se suicidaram na prisão; e, embora vinte e cinco ainda estejam aprisionados, os conspiradores não paravam de sujar as fechaduras das residências com seu unguento venenoso. Veja a que tipo de perigos estamos expostos. O Senhor preservou até aqui a nossa casa, embora tal coisa tenha sido tentada mais de uma vez."

Embora o Senhor tivesse preservado da peste a casa na Rua do Canhão, Ele enviou para ali uma profunda tristeza. Em fins de julho de 1542, Calvino escreveu a seu amigo Viret, que havia recentemente voltado para sua igreja em Lausanne: "Com que ansiedade estou lhe escrevendo! Minha esposa deu à luz prematuramente, com algum perigo; que o Senhor cuide de nós."

Calvino batizou seu filhinho Jacques. A criança viveu apenas duas semanas antes de falecer. Idelette não recuperou as forças rapidamente. Em agosto, escrevendo novamente a Viret, Calvino disse: "Saudações… à sua esposa, a quem retribuo os agradecimentos por sua amigável e piedosa consolação. Ela está incapaz de responder, exceto por meio de uma secretária; mesmo assim, ditar uma carta seria bastante difícil para ela. O Senhor infligiu uma ferida severa e amarga na morte de nosso filho infante. Mas Ele mesmo é um pai e sabe o que é bom para Seus filhos."

Quase vinte anos mais tarde, o pastor de Genebra respondia à acusação de um inimigo: "Balduin zomba de mim… por não ter filhos", respondeu Calvino. "Deus me deu um filho. Deus levou meu menino…, mas eu tenho milhares de filhos pelo mundo." Estes seriam os filhos, seus filhos espirituais, seguindo seu ensino e exemplo.

Três anos após a morte do pequeno Jacques, nasceu uma filha. Ela também faleceu. Dois anos depois, novamente, Calvino escreveu a um amigo sobre o batismo da terceira criança esperada pelo casal. Mas o batismo nunca ocorreu. A criança nasceu morta. E Idelette, continuamente enfraquecida, realizava lentamente as tarefas caseiras e do quintal. Além de seu estado débil, ela estava acometida por uma tosse incômoda e interminável que a enfraquecia progressivamente.

Apesar de sua saúde frágil, era Idelette quem trazia sossego e ordem à casa da Rua do Canhão. Quando estava bem, ela mesma recebia as muitas visitas que batiam à sua porta. Oferecia alimento e hospedagem a muitos. Mesmo quando doente, a casa estava aberta para hóspedes. "Sua hospitalidade em nome de Cristo não é desconhecida por ninguém na Europa", alguém escreveu a Calvino dois anos antes da morte de Idelette.

Não se sabe com que frequência a solicitude e o carinho de Idelette trouxeram paz ao homem atarefado e agitado que era seu marido. Calvino trabalhava de uma forma que esgotaria qualquer homem saudável. Estava de pé e ocupado às cinco da manhã. Mesmo doente, estava na cama e ocupado, com livros espalhados sobre a colcha. Aos domingos, pregava duas ou três vezes em São Pedro. Em semanas alternadas, proferia sermões às segundas, quartas e sextas-feiras. Semanalmente, realizava conferências públicas às terças, quintas e sábados. Às quintas-feiras, ele também presidia a reunião do Conselho da igreja, na qual todos os ministros e presbíteros se reuniam para estudar as Escrituras Sagradas. Calvino assumia sua parcela de responsabilidade nas visitas a doentes e prisioneiros. Visitava as famílias de sua paróquia regularmente, conforme estabelecido nas ordens.

Esses eram os deveres normais. Mas isso era apenas um princípio. Calvino estava sempre escrevendo cartas. Fugitivos chegavam a galope à sua porta, vindos de toda a Europa, entregando cartas e aguardando respostas. Qualquer pessoa na cidade que quisesse enviar ou receber uma carta poderia fazê-lo na Rua do Canhão. A casa de Calvino era o correio de Genebra.

Além de cartas de aconselhamento e amparo, Calvino escrevia panfletos, folhetos, tratados e livros. Estava editando seus comentários, que consistiam em suas palestras públicas registradas por secretários. Dava palestras sobre um livro da Bíblia e depois sobre outro, tratando cada capítulo e versículo em detalhe.

Os Conselhos de Genebra aproveitaram plenamente o homem a quem haviam pedido que voltasse. A pedido deles,

Calvino editou e compilou as leis da cidade. Juntamente com o secretário do Pequeno Conselho, Claude Roset, Calvino labutou horas a fio, desemaranhando a complexidade dos livros legais. Estava agora classificando as leis. Mais tarde, solicitaria modificações.

Poderia alguém estar mais ocupado? Havia ainda mais a ser feito. Casamentos e batismos precisavam ser realizados e registrados no prédio dos conselhos, em sua caligrafia pequena e angular. Ou, algum necessitado chegava à sua porta, como aquele que Calvino enviou ao hospital da cidade com o seguinte bilhete para o encarregado: "Este pobre homem está tão desfigurado, que causa compaixão... Considere ajudá-lo... Ele deve pertencer à cidade; pois, se fosse um estranho, eu mesmo o teria ajudado de alguma forma."

Além disso, Calvino enfrentava inimigos. Não era novidade ser atacado por homens e grupos dentro de Genebra, ou por aqueles em outros lugares que não concordavam com as doutrinas de Calvino. Mas cada batalha era uma luta. O homem que anelava por paz e solidão teria de abandonar sua timidez e relutância naturais. Teria de ser ousado e destemido na defesa do que considerava fundamentado nas Escrituras. Algumas vezes, ao se lançar à batalha, ele seria vigoroso demais nas palavras que empregava ou nas penas que recomendava.

Nos primeiros anos de seu retorno a Genebra, Calvino conseguiu controlar seu temperamento. Talvez Idelette merecesse algum crédito por isso. Inconspícua em Genebra, desconhecida na história, ela se contentava em permanecer nos bastidores, paciente e serena, servindo ao famoso homem com quem se casara.

IV. Partida de Idelette.

"A morte subiu pelas nossas janelas e entrou em nossos palácios" (Jr 9:21), falou o profeta Jeremias em seus dias do Velho Testamento. Suas palavras se aplicavam bem aos cinco anos de 1544 a 1549.

Em 1546, no palácio da Inglaterra, faleceu Henrique VIII, o rei de muitas esposas. Deixou o trono ao menino-rei, Eduardo VI,[31] filho de dez anos da sua terceira esposa, Jane Seymour. No ano seguinte, a morte visitou o palácio da França. O Rei Francisco I entregou a coroa terrena que usou por trinta e dois anos. Seu reinado foi pontilhado por enforcamentos, decapitações e queimas de muitos protestantes. Seu filho Henrique II começou a perseguir com maior ferocidade do que seu pai.

Dois anos após a morte de Francisco I, Margarida, rainha de Navarra e irmã do rei, faleceu em Paris. Amara profundamente seu irmão Francisco. Mas também havia protegido e abrigado muitos homens que, com a permissão do irmão, a Igreja de Roma teria perseguido e matado.

Clemente Marot não era rei, mas deixou um tesouro ao mundo quando faleceu em Turim, na Itália, em 1544. Este poeta francês vertera em poesia alguns dos salmos. Os primeiros salmos preparados por ele eram cantados com músicas populares da época, tornando-se grandes favoritos, especialmente na França. O Rei Francisco gostava de cantar ao caçar: "Como suspira a corça pelas correntes das águas". Calvino usou os salmos de Marot, com novas melodias, nos saltérios de Es-

---

31 Eduardo VI (1537–1553), Rei da Inglaterra, filho de Henrique VIII. Calvino dedicou-lhe vários comentários e cartas durante seu breve reinado.

trasburgo e de Genebra. Encontrara-se com o poeta francês pela primeira vez na corte de Ferrara, para onde Marot fugira. Marot gastou alguns meses em Genebra em 1543, quando Calvino persuadiu os Conselhos a contratá-lo para traduzir mais cinquenta salmos. Estes foram utilizados no famoso Saltério de Genebra de 1562. De Genebra, Marot seguiu viagem a Turim, onde faleceu.

Papas também moravam em palácios. Embora afirmassem falar e agir por Deus, não tinham poder sobre a morte. Em 1549, o Papa reinante, Paulo III, morreu. Seria lembrado como o Papa que excomungara Henrique VIII da Igreja de Roma, que aprovara a Ordem dos Jesuítas de Loyola, e que nomeara o grande Michelangelo como principal arquiteto do Vaticano e da basílica de São Pedro em Roma. O corpo do Papa Paulo jazia na câmara ardente, e seus pés, estendidos por uma grade de ferro, eram beijados pelas multidões de fiéis que vinham prestar-lhe as honras finais.

De todas as mortes nestes cinco anos, a morte de Martinho Lutero trouxe maior tristeza aos protestantes. Em janeiro de 1546, Lutero fora de seu lar em Wittenberg para Eisleben, a vila onde nascera. Fizera a viagem numa carruagem coberta, em tempo frio. Pregou num domingo na igreja onde fora batizado. De repente, na noite anterior à sua volta para casa, Lutero adoeceu e morreu.

Martinho Lutero, com sessenta e dois anos, foi enterrado com solene pompa e cerimônia na Igreja do Castelo em Wittenberg, sobre cuja porta houvera pregado suas noventa e cinco teses. Nas proximidades, enterrado também sob piso de pedras, jazia o corpo do príncipe Frederick, o protetor de

Lutero. Melâncton estava presente ao funeral e chorava a morte de seu mestre, assim como os problemas e dificuldades que haviam tomado conta dos estados luteranos durante os últimos anos de vida de Lutero. Haveria ainda mais dessas discordâncias amargas, que se intensificariam após a morte de Lutero. Não surgiria na Alemanha um líder forte para suceder ao homem chamado o pai da Reforma.

O líder forte seria encontrado em outro lugar — na casa da Rua do Canhão, em Genebra. O que Lutero começara, com sua coragem heroica, Calvino continuaria e completaria com uma mente brilhante e uma pena incansável. Lutero arrancara a igreja protestante da Igreja de Roma. Originara a Reforma. Calvino a consolidaria e a aplicaria. Colocaria no papel as verdades da Reforma e explicaria como a Palavra de Deus permeia todos os setores da vida.

O reformador de Genebra não percebia isso ao sentar-se à sua escrivaninha nem ao andar pelos trajetos familiares que o levavam a São Pedro e ao prédio dos Conselhos. Estava no meio de várias batalhas quando Martinho Lutero faleceu. Pregava e lecionava; recebia visitas e escrevia cartas; elaborava livros e tratados. Doente ou sentindo-se bem, enfrentava cada dia sem titubear.

Ninguém percebia nos olhos penetrantes e nos lábios firmes que uma nova tristeza roía o coração de Calvino. Idelette estava doente. O médico Textor a atendia frequentemente. Mas, desta vez, não pôde ajudá-la. Em agosto de 1548, Calvino escreveu a Viret: "Minha esposa precisa das suas orações. Ela está tão debilitada pela doença que mal pode sustentar-se. Ela parece melhorar com frequência, mas logo piora". A fraqueza e os acessos de tosse seriam, porventura, sinais de tuberculose, uma doença então desconhecida pelos médicos?

No início de março de 1549, Idelette ficou fraca demais para sair da cama. Seu marido estava envolvido em deveres e problemas intermináveis. Refugiados da França e até da Itália, fluíam para a cidade já apinhada de gente. Precisavam de moradia e de trabalho. Os libertinos, amantes da vida fácil, tudo faziam para irritar Calvino e incompatibilizá-lo com a cidade. Estava editando o comentário sobre Hebreus, dedicado a Segismundo Augusto, rei da Polônia. Na rotina infindável de deveres, procurava tempo para estar no quarto da doente, até que a próxima obrigação o arrancasse dali.

Idelette estava pacificamente aguardando sua morte. Nunca se queixara e não se queixava agora. Um grupo se reuniu em seu quarto, três dias antes de sua morte, para orar com ela. Um dos ministros, "em nome dos outros", exortou-a a ter fé e paciência. Ela testemunhou brevemente (pois estava agora muito fraca) o que sentia em seu coração. Calvino a tranquilizou, afirmando que cuidaria dos filhos dela: o jovem em Estrasburgo e a menina Judite, que residia na casa da Rua do Canhão. Idelette murmurou em resposta: "Já os entreguei aos cuidados do Senhor". Calvino respondeu que isso não o impediria de fazer o possível por eles, ao que ela, com dificuldade, respondeu: "Sei que você não olvidará aqueles que estão entregues ao Senhor".

No dia 29 de março, o dia do seu falecimento, Idelette ouviu com atenção as palavras de um ministro que viera para consolá-la. Ela "falou em alta voz, de tal modo que todos viram que seu coração estava muito acima do mundo. Pois foram estas as suas palavras: 'Ó, ressurreição gloriosa. Ó, Deus de Abraão, e de todos os nossos antepassados, em ti confiaram os fiéis durante tantas eras passadas, e nenhum deles confiou em vão. Eu também terei confiança.' Estas sentenças foram mais ejaculadas do que faladas distintamente. Tive que me retirar às seis horas." Assim, Calvino descreveu os detalhes mais tarde em uma carta a Farel. "Após ser removida para outro quarto depois das sete, começou imediatamente a decair. Quando sentiu que estava perdendo sua voz, ela disse: 'Oremos; oremos. Orem todos por mim.' Eu agora havia retornado. Ela não podia falar, e sua mente parecia preocupada. Após falar-lhe algumas palavras sobre o amor de Cristo, a esperança de vida eterna, sobre a vida conjugal e sobre sua partida, dirigi uma oração. Ela ouviu a oração com atenção. Faleceu antes das oito, tão calmamente que os presentes mal puderam distinguir entre sua vida e morte".

O homem atarefado na Rua do Canhão estava só. "Verdadeiramente, não é ordinária a minha... dor", escreveu a Viret uma semana depois. "Fui privado da melhor companhia da minha vida". E a Farel: "Faço o possível para não ficar sobrecarregado pela tristeza. Meus amigos, não deixem de fazer tudo que possa contribuir para aliviar meu sofrimento mental... Que o Senhor Jesus... me sustente... nesta pesada aflição, a qual certamente me teria dominado se Ele, que levanta os prostrados, fortalece os fracos, e reanima os fatigados, não tivesse estendido Sua mão para mim".

Nas últimas semanas de vida de Idelette, Calvino não perdera um sermão, uma aula, ou uma reunião com os Conselhos. Ninguém notou a angústia em seu coração por trás daquela fisionomia de mármore. Em seu escritório, com a porta fechada, lutava com sua tristeza. Nas ruas e no púlpito, encobria sua dor e procedia como dantes.

Viret, que ficara completamente transtornado com a morte de sua própria esposa, três anos antes, escreveu a Calvino: "Informaram-me... como você... maravilhosa e incrivelmente, com um coração tão quebrantado...... cuida de todos os seus deveres ainda melhor do que anteriormente... continue então como começou... e rogo a Deus... que você possa receber maior consolo diariamente, e ser fortalecido mais e mais".

A vida na casa da Rua do Canhão continuava em sua rotina diária. O irmão Antônio e sua família estavam quase sempre ali. Assim também Judite, filha de Idelette, até seu casamento. Calvino tinha um mordomo corcunda chamado Pierre para cuidar de suas necessidades. Mas quão diferente é a casa sem a paz e serenidade de Idelette. Mesmo de sua cama, ela havia espalhado tranquilidade ao seu redor.

"Minha esposa, mulher de raras qualidades, morreu há um ano e meio, e eu agora livremente optei por uma vida solitária", escreveria Calvino em 1550.

V. Os amigos de Calvino

"Vós mesmos sabeis, ou deveríeis saber, quem eu sou; que, em quaisquer circunstâncias, sou alguém que preza tanto a lei do Mestre celestial que a causa de nenhum homem terreno há de induzir-me a tergiversar na sua manutenção com consciência pura".

O homem que falou estas palavras vigorosas acreditava em cada uma delas. Ele foi solicitado a retornar a Genebra. Estava agora trabalhando para transformar Genebra numa cidade em que a lei de seu Mestre celestial fosse suprema. Isso implicaria uma série de batalhas e lutas. Os quatorze anos entre 1541 e 1555 estariam cheios dessas batalhas. Calvino também batalhava com sua pena, escrevendo contra a heresia e perseguição fora de Genebra.

O homem que lutava essas batalhas já era famoso em sua época. Era tão dinâmico e brilhante que as pessoas ou seguiam sua liderança com entusiasmo ou o odiavam amargamente. Em sua cidade natal, Noyon, os cônegos da catedral organizaram uma procissão pública para celebrar sua morte ao ouvirem um falso rumor em 1551. Mais tarde, a residência da família de Calvino, na praça do mercado, foi incendiada pela raiva de seus inimigos. Antes, em 1552, a casa havia escapado milagrosamente de um incêndio que assolara o centro de Noyon. Na cidade francesa de Lyon, a notícia da morte de Calvino foi anunciada "mais de dez vezes", tamanha a ansiedade de seus opositores por sua eliminação. A Igreja de Roma o considerava seu maior inimigo.

Um lutador sutil e resoluto — cessaria assim uma descrição de João Calvino? Muitos o conheciam melhor. Sabiam que ele era um amigo de milhares no amor de Cristo. Viam que ele preferia viver humildemente, quase na miséria. Sabiam que, mesmo em meio à refrega, ele ainda podia apreciar a beleza do mundo criado por Deus. Calvino sabia rir e participar de jogos. Mesmo com seus dias atulhados por problemas em Genebra, ele mantinha os olhos sobre o mundo inteiro. Desejava que o mundo fosse influenciado por seu Mestre. Longe de deleitar-se em brigas, ele trabalhou durante toda a sua vida para trazer a paz e união entre as igrejas protestantes. Para conhecer João Calvino honestamente, é preciso vê-lo sob essa perspectiva antes de observá-lo nas lutas que travou para tornar a Igreja de Jesus Cristo pura e coerente com a Palavra de Deus.

João Calvino foi um amigo honesto, generoso e dedicado. Teve amigos íntimos durante toda a sua vida. Era também amigo de muitos irmãos em Cristo, alguns dos quais nunca se encontraram com o homem que lhes enviava cartas de conforto e inspiração.

Farel e Viret foram os amigos mais íntimos de Calvino nos últimos vinte e oito anos de sua vida. Farel era o mais velho, um dínamo trovejante, impetuoso e destemido. Viret, dois anos mais jovem que Calvino, era o irmão constante, bondoso e sábio. "Creio que, na vida ordinária, não tenha existido um círculo de amigos tão sinceramente ligados um ao outro como temos sido em nosso ministério". Assim escreveu Calvino em sua dedicatória do comentário sobre Tito.

Calvino dedicou este comentário "A dois eminentes servos de Cristo, Guilherme Farel e Pedro Viret, queridos amigos e colegas na obra do nosso Senhor." Ele lhes dedicou o livro de Tito porque, assim como Tito teve "o encargo de consolidar a obra iniciada por Paulo em Creta", Calvino agora se esforçava por completar, na igreja de Genebra, uma obra semelhante, "com grande risco…, tão bem e com tanto sucesso". Sobre essa forte amizade, Calvino continua: "Fui colega de ambos no pastorado desta cidade; e qualquer aparência de inveja estava tão distante, que vós e eu parecíamos ser uma só pessoa". Calvino escreveu esta dedicatória oito meses após a morte de Idelette, quando mais do que nunca os amigos eram caros.

Nem sempre os três amigos concordavam entre si. Viret, o mais afável, raramente se envolvia em discussões. Mas Farel e Calvino não mediam palavras. Mesmo assim, por trás da dureza da linguagem, existia o firme fundamento da amizade e o elo comum que os ligava como ministros de Cristo.

Calvino estava também pronto a ajudar seus amigos, independentemente da intensidade de suas atividades. Quando soube que Farel precisava de uma nova governanta, ele a encontrou: uma mulher "piedosa, íntegra, cuidadosa e avançada em idade". Aparentemente, Calvino considerava necessário que uma mulher fosse "avançada em idade" para cuidar da casa de um solteiro. O desentendimento mais sério que Calvino teve com seu amigo ocorreu em 1558, por ocasião do casamento de Farel com uma jovem, filha de outra governanta de Farel.

Quando a primeira esposa de Viret faleceu em 1546 e "o mundo inteiro" parecia-lhe "nada mais que um peso", Calvino instou seu amigo a ir para Genebra em busca de descanso e recuperação. "Vem depressa… para renovar teu coração conosco", escreveu a Viret. "Pessoas daí afirmam que estás meio morto". Em outra ocasião, surgiu o boato de que Viret estava morrendo envenenado. A mando de Calvino, Textor, o médico, estava pronto para viajar a Lausanne "sobre cavalos velozes". Mas logo veio a notícia de que o rumor era falso.

Havia, ainda, o assunto de encontrar uma segunda esposa para Viret. Viret já se preocupava com isso três meses após a morte de sua primeira esposa. Calvino escreveu solicitamente a um amigo na cidade: "Sabes que o nosso irmão Viret está disposto a casar-se novamente. Estou tão preocupado com o assunto quanto ele. Temos muitas candidatas aqui, alguma delas poderia agradá-lo. Por favor, informe-me".

Viret encontrou sua segunda esposa. Calvino pronunciou a bênção matrimonial e, nos anos seguintes, frequentemente enviava saudações às "três filhinhas" nascidas no lar de Viret.

Farel e Viret foram os íntimos amigos de Calvino em seus anos maduros como pastor. Mas seus companheiros e conhecidos dos dias de estudante em Paris e Orléans também continuavam sendo amigos. Muitos vinham a Genebra ou escreviam cartas a Calvino. Um dos rapazes de Hangest, com quem Calvino havia sido criado em Noyon, escreveu que queria, acima de tudo, residir em Genebra.

François Daniel, bom amigo dos tempos da escola de direito em Orléans, e que nunca abandonou a Igreja de Roma, apesar de suas inclinações protestantes e da insistência de Calvino, escreveu a Calvino em 1559, vinte e oito anos depois de terem estudado direito juntos. O filho de Daniel havia vindo a Genebra. Calvino o ajudou, escrevendo ao pai: "Pelo amor que lhe reservo… estou inteiramente ao seu serviço". Junto à carta, Calvino enviou algumas moedas de ouro às filhas de François Daniel, "como uma espécie de presente de Ano Novo", por causa da gratidão que ainda sentia pelo que François havia feito por ele há tantos anos.

Outro amigo de seus dias de estudante passou a residir na casa ao lado de Calvino, na Rua do Canhão. Era Michel Cop, irmão daquele Nicolas que era reitor da Universidade de Paris quando ele e Calvino foram forçados a fugir da cidade. Michel Cop tornou-se um vigoroso pastor em Genebra.

A família de Guilherme Budé, o maior pensador renascentista da França, também veio a Genebra. Ele havia falecido em 1540, mas a Senhora Budé, com sua filha e três filhos, veio residir na cidade de Calvino. João, um dos filhos, tornou-se amigo íntimo de Calvino e membro importante dos Conselhos de Genebra.

Um mês após a morte de Idelette, "oito cavalheiros franceses" chegaram a Genebra, solicitando licença para permanecer na cidade. Um deles era o simpático Teodoro Beza[32] que, aos doze anos, havia vivido na casa de Wolmar, o professor de grego, na cidade francesa de Bourges. Foi ali que Calvino conheceu o menino.

Teodoro Beza havia sido criado por dois tios ricos e solteiros. Tornara-se um homem de grande erudição. Também havia vivido extravagantemente. Assim como Calvino, Beza havia estudado direito e, ao mesmo tempo, possuía alguns benefícios eclesiásticos que seus tios haviam conseguido para ele.

Após uma doença crítica, Beza se tornou sério, voltou-se para a fé protestante e resolveu ir a Genebra. O menino da casa de Wolmar estava se tornando um homem apto a ser usado na Igreja de Cristo. De início, parecia que ele não seria aproveitado por Calvino. A academia de Lausanne havia convidado Beza para ser professor de grego, e ele aceitou a posição. Antes de Beza partir para Lausanne, casou-se com uma moça francesa na igreja de São Pedro, sendo a cerimônia presidida pelo Pastor João Calvino. Nos primeiros anos de sua nova amizade com Calvino, Beza escreveu a outro pastor: "Tenho recebido

---

32 Teodoro Beza (1519–1605), amigo de Calvino, reitor da Academia de Genebra e seu sucessor como líder da igreja.

a amizade de Calvino e Viret... Quando penso que estes são meus amigos, em vez de sentir qualquer inconveniência devido ao exílio, posso adotar as palavras de Temístocles: 'Eu estaria perdido se não tivesse me tornado um exilado'."

O exilado Beza retornou a Genebra em 1559. Retornou como pastor, reitor da universidade fundada por Calvino e seu braço direito. Foi Beza quem escreveu uma biografia de Calvino, colecionou suas cartas e liderou a igreja de Genebra por quarenta anos após a morte de Calvino.

Entre seus amigos, Calvino incluía líderes cristãos com os quais nem sempre concordava doutrinariamente. Havia Bucer, de Estrasburgo, forçado ao exílio e tornando-se professor na Inglaterra, na Universidade de Cambridge. Bucer estava desanimado e solitário na Inglaterra. O clima mais frio o fazia adoecer com frequência. "Eu gostaria de poder, de alguma maneira, aliviar os sofrimentos de seu coração e os cuidados que o estão torturando", escreveu Calvino ao amigo que havia sido seu pai em Estrasburgo. Bucer era, em vários aspectos, um luterano. Havia sido um dos companheiros de Lutero na famosa Dieta de Worms.

Heinrich Bullinger, o talentoso sucessor de Zuínglio em Zurique, era amigo de Calvino. Em muitas cartas, falavam da Igreja de Cristo, de suas doutrinas e de seus problemas. Falavam com firmeza um com o outro quando não concordavam. Mas o elo de amizade entre eles era forte.

O afável Melâncton, que em seus últimos anos meditava tristemente sobre os problemas e lutas entre os luteranos, também era amigo de Calvino. Calvino, por vezes, o censurava por sua hesitação em assumir uma atitude mais firme entre os luteranos. Calvino implorou a Melâncton que se declarasse a favor do ponto de vista reformado sobre a Ceia do Senhor. Melâncton sempre recuou de fazê-lo. Ele teria, assim, aproximado ainda mais os luteranos das igrejas reformadas. Mas recusou. Mesmo com tudo isso em jogo, Calvino ainda falava dele com saudade.

Em abril de 1560, aos sessenta e três anos e sessenta e três dias de idade, Melâncton faleceu em Wittenberg, sendo enterrado ao lado de Lutero no chão da Igreja do Castelo. Ele conservou sua boca fechada até o fim. Calvino, escrevendo durante a contínua discussão entre luteranos e reformados, clamou: "Ó Felipe Melâncton, apelo para que sejas minha testemunha! Tu estás vivendo com Cristo na presença de Deus e nos aguardas para compartilhar contigo aquele abençoado repouso. Cansado pelo labor, oprimido por muitos cuidados, cem vezes expressaste teu desejo de viver e morrer comigo. Eu também desejei mil vezes que pudéssemos morar juntos. Então, certamente estarias mais forte para iniciar a luta..." Calvino ansiava pela unidade entre as igrejas protestantes, mas ainda amava o homem cujo silêncio tornara tal unidade menos possível.

Nem todos os amigos de Calvino eram pessoas destacadas. Onde quer que fosse — a Ferrara, a Estrasburgo, a outras cidades suíças — ele fazia amizades. Aonde não ia pessoalmente, ele enviava suas mensagens por cartas. Ninguém sabe quantos amigos em Cristo receberam uma mensagem de seu amigo em Genebra. Repetidas vezes, o pastor de Genebra se postava ao lado do povo humilde perseguido na França, por meio de suas cartas entregues nas prisões. Muitos cristãos foram à estaca, fortalecidos pelas palavras de um homem que não conheciam e que não os conhecia tampouco.

Os refugiados que chegavam a Genebra, na razão de um milhar por ano, descobriam em Calvino seu melhor amigo. Ele encontrava casa para eles. Persuadiu os conselhos a fundarem uma indústria de fabricação de tecidos a fim de lhes dar emprego. Estabeleceu cultos na igreja em diferentes línguas para os diversos grupos de refugiados — ingleses, italianos, espanhóis e flamengos. Jamais estava ocupado ou doente demais para encontrar para alguém uma casa, uma esposa ou um emprego.

Esse amigo era o homem da Rua do Canhão em Genebra: um famoso guerreiro por Cristo e, da mesma forma, um fiel amigo por causa de Cristo.

VI. Humilde na grandeza

"Nem a mesa onde comemos, nem a cama onde dormimos, nos pertence... De onde vêm, então, tais boatos? Meus conhecidos bem sabem que não possuo um metro de terra... nunca tive dinheiro suficiente para comprar um hectare sequer". Ainda assim, algum inimigo espalhara o boato de que Calvino tinha gastado milhares de florins numa fazenda.

Até o Papa em Roma sabia que Calvino era pobre e preferia permanecer pobre. Pio IV, sucessor de Paulo III, falou assim quando Calvino morreu: "A força daquele herege veio do fato de que o dinheiro para ele era nada". Tal atitude era incomum na Igreja de Roma.

Conta-se que o cardeal Sadoleto[33] passou um dia por Genebra. Ele tentara convencer Genebra a retornar a Roma durante o exílio de Calvino. Sadoleto queria conhecer o famoso protestante que tinha escrito a eloquente resposta para Genebra. Parou atônito diante da simples casa da Rua do Canhão. Era aqui que morava o famoso Calvino? Bateu à porta. O próprio Calvino, numa simples toga preta, abriu a porta. Sadoleto mal pôde acreditar no que via. Onde estariam os servos que deveriam estar à disposição do seu senhor para cumprir sua vontade? Até os bispos de Roma viviam em mansões, cercados de riquezas e de servos. Arcebispos e cardeais viviam em palácios, como reis. E ali estava o homem mais famoso de toda a igreja protestante, numa casinha escura, atendendo ele mesmo à porta.

"Sou verdadeiramente rico", disse Calvino, "porque estou abundantemente satisfeito com meus parcos recursos". Os "parcos recursos" nem sempre cobriam os custos de hospedagem de hóspedes, o pagamento de remédios e o auxílio às pessoas necessitadas que lhe vinham à porta. Mesmo assim, Calvino não aceitava a ajuda dos Conselhos sem os restituir. Em 1546, as atas do Conselho registraram uma doença de Calvino, "que não tem recursos". Os Conselhos lhe enviaram dez coroas. "Ao recuperar-se", continuam as atas, "ele devolve o dinheiro aos Conselhos, os quais resolvem gastar a quantia numa pipa de vinho para ele, não lhe deixando alternativa senão aceitá-la". Mas Calvino ainda teve a última palavra. Separou dez coroas do seu salário "para assistência aos ministros mais pobres". No entanto, naquele mesmo ano, ele se endividou por causa

---

33 Jacopo Sadoleto (1477–1547), cardeal católico-romano que tentou persuadir Genebra a retornar à Igreja de Roma durante o exílio de Calvino (1539).

da doença de sua segunda criança, a filha que faleceu. No ano seguinte, o Pequeno Conselho aprovou a seguinte resolução: "Resolve-se presentear Calvino com toda a mobília pertencente à cidade que se encontrava em sua casa". Calvino estava agora comendo na sua própria mesa e dormindo na sua própria cama!

Num ano, para cobrir as crescentes despesas com sua saúde, Calvino solicitou um empréstimo dos Conselhos. Quando estava pronto para restituir a quantia aos Conselhos, eles recusaram aceitá-lo. Disse-lhes então "que não mais entraria no púlpito" se não aceitassem a devolução do empréstimo. Em seguida, rejeitou uma parcela do salário que lhe era devido. Em outra ocasião, quando os ministros pediram a Calvino que solicitasse um aumento nos salários ao Conselho, ele propôs que o Conselho diminuísse o seu salário e distribuísse a quantia igualmente aos outros pastores.

Inimigos, em busca de algo para criticar, fabricaram falsos documentos para provar que Calvino era rico. Calvino respondeu-lhes no prefácio de seu comentário sobre os Salmos. "Se existirem pessoas que, durante minha vida, não se convencerem de que não sou nem rico nem abastado, minha morte os convencerá afinal". E assim aconteceu. Tudo o que Calvino possuía não somava mais do que (em valor estimado atual[34]) cerca de 50 mil Reais. Se tivesse vivido mais tempo, teria ficado mais pobre ainda, pois havia recusado aceitar seu salário do

---

34 O valor original registrado em moeda brasileira em abril de 1966 era de Cr$ 495.000 (quatrocentos e noventa e cinco mil cruzeiros). Para fins de contextualização ao leitor moderno, o valor foi corrigido pelo Índice Geral de Preços (IGP-DI), resultando em uma estimativa aproximada (2024) de R$ 50.000,00. Este montante ínfimo confirma a pobreza e a austeridade fiscal de Calvino ao fim de sua vida, provando seu desinteresse material. [N. R.]

último trimestre. Não trabalhei por esse salário, disse, e como poderei aceitá-lo então?

"Satisfeito com minha humilde condição, sempre me senti alegre numa vida de pobreza". Nisso, também, Calvino seguiu o exemplo de seu mestre. Calvino podia, no entanto, alegrar-se com riquezas que o dinheiro não podia comprar. Alegrava-se na beleza que Deus havia colocado em Seu mundo. "Os pequeninos pássaros cantam a Deus; os animais clamam a Ele; os elementos Lhe demonstram temor; as montanhas ecoam o Seu nome; as ondas e as fontes dirigem-Lhe os olhares; a grama e as flores Lhe sorriem". Estas são as riquezas das quais Calvino fala no prefácio ao Novo Testamento de Olivétan, no ano de 1535.

Calvino tinha uma veia cômica. Fazia bons trocadilhos. Sabia rir com seus amigos. E, de vez em quando, antes que a doença o impedisse, achava tempo para recreação. Passeava no seu quintal, de onde se avistava o lago. Andava a cavalo pelas redondezas junto com seus colegas do ministério. Ia, às vezes, ao sítio do seu irmão, Antônio.

Havia ocasiões em que achava tempo para jogos. Jogava malha, um jogo semelhante ao chinquilho, que utilizava discos de ferro chatos. Gostava de desafiar outros para uma partida de arremesso de chave: o jogador que deslizasse uma chave ao ponto mais próximo do lado oposto da mesa seria o vencedor. Às vezes, Calvino jogava bocha. Estava entretido numa partida de bocha certa tarde de domingo quando foi interrompido por uma visita.

Mas Calvino geralmente não conseguia achar tempo para recreação. Como o capitão de um navio em alto-mar, ele estava ocupado demais conduzindo o navio em segurança ao porto.

Aquele navio era toda a igreja protestante, e não apenas a igreja de Genebra. Genebra tinha problemas suficientes para sobrecarregar qualquer pastor. Calvino, contudo, estava atento ao que transcorria também no resto do mundo. Governos e batalhas e tratados e intrigas políticas — sabia os detalhes de tudo. Eram-lhe importantes não por si mesmos, mas porque afetavam toda a igreja de Cristo, que era sempre a principal preocupação de Calvino.

Para edificar a igreja, Calvino escreveu cartas a reis e a príncipes. Aqueles que mostravam simpatia pela fé reformada dedicava-lhes comentários — Hebreus, ao rei da Polônia; Atos dos Apóstolos, aos reis da Dinamarca e da Suécia; quatro epístolas a um duque alemão. Escreveu um catecismo para os protestantes na Áustria. Enviou uma longa lista de reformas ao imperador Carlos V, que patrocinava outra dieta imperial em Espira.

Calvino se ocupava especialmente em escrever à Inglaterra durante o reinado de sete anos do menino-rei, Eduardo VI, falecido aos dezesseis anos. O Duque de Somerset, tio do jovem rei, era o Lorde Protetor, que governava junto a vários outros regentes. Thomas Cranmer,[35] arcebispo de Canterbury, era um dos regentes. Havia ajudado Henrique VIII. Cranmer estava agora ocupado na promoção da Reforma e na transformação da igreja na Inglaterra.

Calvino vibrava ao ver outra grande nação aderindo ao grupo protestante. Fez o que pôde com sua pena para fortalecer a igreja na Inglaterra. Dedicou, em 1548, seu comentário sobre

---

35 Thomas Cranmer (1489–1556), Arcebispo de Canterbury, figura chave na Reforma Inglesa, que buscou a união das igrejas protestantes e correspondeu-se com Calvino.

I Timóteo ao Duque de Somerset. O comentário foi acompanhado de uma longa carta sugerindo reformas para a igreja inglesa. Que o Senhor o faça "um reparador do Seu templo", escreveu Calvino, "para que os tempos do rei, seu sobrinho, possam ser comparáveis aos de Josias", o menino-rei do Velho Testamento. O duque sentia-se agradecido pelos escritos de Calvino. A duquesa enviou-lhe um anel.

Dois anos e meio mais tarde, Calvino enviou um ministro como mensageiro especial ao rei, então com quatorze anos de idade. O pastor levou cópias dos dois últimos comentários de Calvino, sobre Isaías e as epístolas de Tiago, Pedro, João e Judas. Eram dedicados a "Sua Alteza Serena, Eduardo VI, Rei da Inglaterra, um Verdadeiro Príncipe Cristão."

Um ano antes da morte de Eduardo VI, Calvino enviou-lhe outro presente escrito. Era um pequeno livro, Quatro Sermões do Mestre João Calvino. Na carta que acompanhava o livro, Calvino fala eloquentemente: "Ser rei é coisa deveras importante, e sobre um país como o vosso; não tenho dúvidas de que considerais o ser cristão muito melhor e sem comparação. É, consequentemente, um privilégio incalculável que Deus vos concedeu, Excelência, o de ser um rei cristão."

Calvino não podia falar assim aos reis da França. As perseguições continuavam com Francisco I e Henrique II. Durante os quarenta e quatro anos de reinado desses dois reis, cinquenta mil protestantes foram mortos. Outros milhares fugiram para o exílio. Em Meaux, onde os primórdios de uma reforma francesa haviam sido fortes trinta anos antes, quatorze homens foram enforcados num círculo de pelourinhos na praça do mercado e depois queimados. Um professor de Paris permaneceu seis semanas numa cova estreita, onde não podia ficar de pé nem se deitar, e foi finalmente queimado vivo. O piedoso e trabalhador povo valdense,[36] que morava nos vales do sudeste da França, foi horrivelmente massacrado. Um cardeal havia contado mentiras ao rei a respeito deles. Em 1545, três mil valdenses — homens, mulheres e crianças — foram mortos. Quarenta mulheres fugiram para um paiol. Os soldados incendiaram o paiol que estava cheio de feno. Impelidas para fora, as mulheres foram lanceadas pelas armas dos soldados. Vilas valdenses e pacíficas roças foram destruídas. Algumas pessoas perambulavam famintas pelas florestas. Outras conseguiram escapar para a Suíça, onde relataram os horrorosos acontecimentos.

Estas perseguições abalaram Calvino profundamente. Ele escreveu muitas cartas a pessoas de influência. Fez duas viagens às outras igrejas da Suíça, reunindo dinheiro para os refugiados e persuadindo as igrejas e cantões[37] a escreverem protestos veementes ao rei da França. O rei francês respondeu secamente que os cantões da Suíça deveriam preocupar-se com seus próprios assuntos.

No meio das perseguições francesas e das brigas na igreja alemã, Calvino trabalhava para conseguir unidade entre as igrejas, ao menos entre ele e os seguidores de Zuínglio. Ele esperava conseguir acordo com os luteranos. Contudo, essa esperança tornava-se cada vez menos possível, com o temperamento imprevisível de Lutero, a relutância de Melâncton em assumir uma

---

36 Membros de um movimento cristão antigo, notórios por sua adesão à Bíblia. Foram vítimas de um horrível massacre no sudeste da França em 1545.
37 Os treze estados soberanos que compunham a Confederação Suíça na época da Reforma.

atitude firme e o aparecimento de líderes radicais nos estados luteranos após a morte de Lutero. Calvino agora trabalhava, esperançoso, com os líderes dos seguidores de Zuínglio.

O obstáculo ao acordo era a interpretação da Ceia do Senhor. Em 1548, Calvino escreveu a Bullinger, o líder dos seguidores de Zuínglio. "Eu poderia crer que Cristo está presente na Ceia do Senhor de maneira mais ampla do que você considera", escreveu Calvino, mas "por isso não deixaremos de crer no mesmo Cristo e de ser um Nele". Em seguida, enviou vinte e quatro artigos sobre o assunto da Ceia do Senhor, para serem usados como base de discussão.

Seis semanas após a morte de Idelette, Calvino sentiu conforto em ir com Farel a Zurique para conversar com Bullinger e outros. A união parecia iminente. Calvino havia recebido uma carta de Bullinger, à qual havia respondido: "Parece que nunca recebi algo mais agradável de suas mãos... Estou muito contente que quase nada nos impede de concordar agora, mesmo em palavras... Jamais será por minha causa que deixaremos de nos unir em sólida paz, pois unanimemente professamos o mesmo Cristo".

A demonstração desta união foi o Consensus de Zurique, de 1549, escrito quase totalmente por Calvino. Nos dois anos seguintes, as igrejas suíças apuseram suas assinaturas ao Consensus. Ao menos em sua terra adotiva, Calvino pôde render graças pela unidade entre as igrejas. Dois anos após a morte de Calvino, na famosa Confissão Helvética de 1566, a união das igrejas suíças foi completada, conforme sempre esperava o pastor de Genebra.

Na Inglaterra, o arcebispo Cranmer também tinha esperanças de união entre as igrejas. Muitos líderes ingleses durante o reinado de Eduardo VI inclinavam-se aos ensinos de Calvino. Bucer também estava na Inglaterra, e exerceu grande influência até sua morte. Cranmer queria reunir um sínodo para discutir diferenças doutrinárias entre os protestantes. Escreveu a Calvino, a Bullinger, e a Melâncton: "Rogo que delibereis entre vós quanto aos meios pelos quais esse Sínodo poderá reunir-se com a melhor conveniência". Na época, a Igreja de Roma promovia o Concílio de Trento. "Haveremos de nos omitir na convocação de um santo sínodo para a restauração e propagação da verdade?", perguntou Cranmer em 1552.

O menino-rei da Inglaterra (Eduardo VI) morreu no ano seguinte. O sínodo jamais foi realizado. O próprio Cranmer morreu queimado na estaca durante o reinado de Maria, a Sanguinária. Mas Calvino, para quem a unidade das igrejas protestantes era algo tão precioso, havia respondido à proposta do arcebispo: "Isso me preocupa tanto que, caso eu pudesse prestar algum serviço, não hesitaria em atravessar até dez mares, se necessário, para fazê-lo. Quisera eu estar tão apto quanto disposto estou."

Calvino, o amigo fiel e confortador, o homem humilde para quem o dinheiro não significava nada, o pastor visionário que zelava pelas igrejas de Cristo em toda parte e pela unidade delas, trabalhava sem esmorecer. Este homem era também um guerreiro impoluto no estabelecimento do reino de seu Mestre e em tornar a igreja do Mestre pura e santa. Não era um batalhador nato, como Lutero e Farel. Mas, quando a obra do Senhor exigia lutas, Calvino estava pronto.

VII. Novas lutas.

Inimigo após inimigo aparecia em Genebra para brigar com Calvino.

Primeiro e inesperadamente, veio o professor, de vinte e seis anos, que o próprio Calvino nomeara diretor do ginásio.

Sebastião Castellio traduzia o Novo Testamento. Ele queria uma versão popular, na linguagem do povo, e pediu a Calvino que recomendasse sua publicação. Para Calvino, porém, a tradução parecia tosca e, em alguns pontos, inexata. Com suas múltiplas tarefas, ele não tinha tempo suficiente para argumentar com Castellio sobre cada frase inaceitável. Castellio irritou-se porque Calvino não estava disposto a recomendar a tradução sem reservas.

Calvino também não podia recomendar certas doutrinas e crenças de Castellio. O jovem diretor achava que o Cântico dos Cânticos não era um livro inspirado da Bíblia. "É somente uma descrição muito humana de uma das paixões de Salomão", dizia Castellio. Ele não concordava com as palavras "desceu ao Hades" no Credo dos Apóstolos e também não aceitava a doutrina da eleição — que Deus, antes do início do mundo, escolhera os que seriam salvos.

Tudo isso havia sido tolerado até que Castellio requereu admissão como pastor em Genebra. Ele afirmou que o salário de diretor era baixo demais. O Pequeno Conselho aprovou o pedido, mas o poder final de recomendação de pastores pertencia ao Conselho da Igreja. Sob a liderança de Calvino, o Conselho da Igreja recusou o pedido de Castellio devido às ideias e doutrinas condenáveis que esposava. Em vez disso, o

Conselho da Igreja preferiu pedir aos conselhos da cidade que aumentassem o salário do diretor.

Enraivecido pela recusa de sua admissão ao ministério, Castellio demitiu-se da direção do ginásio. Calvino ofereceu-lhe cartas de recomendação para Viret em Lausanne. "Estou verdadeiramente preocupado com ele", escreveu Calvino. "Ajude-o no que for possível."

Mas Castellio não encontrou emprego como professor em Lausanne e resolveu voltar a Genebra. Numa tarde de 1544, apareceu em uma reunião semanal de ministros e leigos, totalizando sessenta pessoas, que ouviam a explicação de Calvino sobre as palavras de Paulo: "Em tudo, recomendo-nos a nós mesmos como ministros de Deus...".

Castellio levantou-se de repente e interrompeu a palestra. "Os ministros de Genebra não são como Paulo", disse sarcasticamente. "Vocês obedecem a suas próprias inclinações, enraivecem-se com facilidade, perdem tempo brincando e bebendo, e suas vidas são livres e desenfreadas. Vocês não poderiam parecer menos com Paulo", acrescentou. Calvino nada respondeu. Controlando-se, ele fechou a Bíblia e saiu da sala.

O Pequeno Conselho incluiu na pauta a ofensa pública de Castellio aos ministros de Genebra. Ordenaram a Castellio que abandonasse a cidade. Ele saiu com cartas de recomendação de Calvino e dos ministros, que estavam prontos a recomendá-lo como professor, embora não aprovassem sua admissão ao ministério. Mas Castellio levou consigo um ódio amargo de Calvino — ódio este que foi mais tarde reiterado ao publicar um livro denunciando a queima de Serveto.

O próximo inimigo a desafiar Calvino foi Pierre Ameaux, cuja esposa era uma das mais notórias libertinas de Genebra. Ela tomava tanta liberdade que vivia em amor promíscuo com diversos homens. Calvino aparentemente recomendara uma separação ao casal, mas o Pequeno Conselho demorou a sancionar o divórcio formal da esposa infiel. O divórcio foi finalmente aprovado, e a mulher passou seis meses na prisão. Mas Pierre Ameaux ficou aborrecido pela demora do divórcio, que levou um ano e meio. Ele tinha, ainda, outro motivo para preocupação. Seu negócio consistia na fabricação de cartas de baralho. Desde a volta de Calvino — e a execução das leis da cidade — ocorrera uma vertiginosa queda na venda de suas cartas.

Certa noite, Ameaux convidou quatro amigos para o jantar. Estimulado pelo vinho, tornou-se eloquente contra o pregador francês da Rua do Canhão. Queixou-se em voz alta enquanto seus amigos o apoiavam, abanando a cabeça. Eram, porém, amigos bifrontes, que imediatamente relataram toda a oração aos Conselhos, dos quais Ameaux era membro. Ameaux foi preso e colocado na cadeia para aguardar a sentença. Calvino pediu que a sentença não fosse pesada, mas solicitou que fosse pública para que o povo ficasse de sobreaviso. O Pequeno Conselho, ao contrário, resolveu que Ameaux deveria apenas pedir desculpas aos ministros em uma sessão reservada.

Tal resolução irritou Calvino. Toda a cidade sabia do incidente com Ameaux. Outras ofensas eram frequentemente punidas por humilhação pública nas ruas. E agora esse homem escapava com um simples pedido de desculpas a portas fechadas. Apoiado por outros ministros, Calvino exigiu uma punição pública para o homem que desafiara as doutrinas da Igreja e difamara um dos seus ministros.

Os inimigos de Calvino descobriram uma oportunidade de agitação. Os murmúrios e ameaças logo começaram a soar com maior volume. Os cidadãos passaram a limpar os seus trabucos. A maior desordem se localizava no distrito de Saint Gervais, no outro lado do rio, onde residia Ameaux. Para aquietar o povo, o Pequeno Conselho marchou em séquito solene sobre a ponte e permaneceu em posição de sentido enquanto se levantava um pelourinho na Praça de Saint Gervais.

O Pequeno Conselho logo passou uma nova resolução. Pierre Ameaux, tendo falado contra Deus, contra os Conselhos e o Mestre Calvino, teria que caminhar pela cidade, "com a cabeça descoberta e uma tocha de cera acesa em suas mãos"; teria que ajoelhar-se "na frente do prédio dos Conselhos, perante o Conselho sentado em tribunal, dizendo e confessando em voz alta e clara que, contra Deus, a verdade e o direito, você declarou que o Mestre João Calvino proclamara doutrina falsa. Você será então conduzido pela... cidade... às três praças principais... e em cada um destes três lugares você fará uma confissão semelhante de joelhos, a tocha em suas mãos, para servir de exemplo aos outros".

Era 5 de abril de 1546 quando Pierre Ameaux fez como lhe fora ordenado. As multidões curiosas ajuntaram-se para observar — e lembrar.

O povo logo se convenceu de que Calvino esperava que os Conselhos executassem a lei para todos, sem distinção. Talvez fosse um consolo aos pobres saber que dinheiro, alta sociedade ou ser membro dos Conselhos não dava a ninguém a liberdade de quebrar a lei. Tal fato, porém, não servia de conforto para aqueles cidadãos influentes conhecidos como libertinos. Odiavam Calvino pela disciplina que tentava trazer à sua cidade corrupta. Odiavam-no por ser um estrangeiro. Os libertinos lutavam contra Calvino às escondidas e abertamente, tomando partido de todo novo inimigo que aparecesse para desafiá-lo. Outros inimigos vinham e iam, mas foram necessários quatorze anos para que os Libertinos fossem derrotados.

Uma família libertina odiava Calvino especialmente por aquilo que ele tentava fazer. Era a família Favré, uma família rica e tradicional, sequiosa de seus prazeres. François, o pai, duas ou três vezes condenado por adultério, dissera que gostaria de ser um síndico para reabrir as casas de prostituição em Genebra. Gaspard, um dos filhos de Favré, estivera também na prisão por imoralidade. Ao ser solto, ele maldosamente reunira alguns de seus amigos desordeiros para um jogo especial junto à igreja onde Calvino pregava. Havia outro filho, João, que, em seu próprio casamento, debochadamente sacudira a cabeça em lugar de responder afirmativamente.

Mas a filha de Favré, Francesca, era a pior de todas. Que mulher terrível! Sua linguagem era de baixo calão. Não respeitava nenhuma autoridade. Mesmo assim, Francesca havia casado com Ame Perrin, um conselheiro e o capitão-geral da milícia da cidade.

Em março de 1546, logo antes de Ameaux atravessar a cidade pedindo desculpas, Francesca e seu marido Perrin dançaram em uma recepção de casamento com um síndico chamado Corna e outros. Anos antes da vinda de Calvino a Genebra, a cidade havia promulgado leis contra a dança. Agora, pela insistência do Conselho da Igreja, as leis estavam sendo executadas.

O síndico Corna desculpou-se sinceramente quando trazido perante o Pequeno Conselho. Mas Francesca gritara e se enfurecera ao ser trazida perante o Conselho. Reservara os piores palavrões para Calvino e os conselheiros. Os beleguins tiveram que arrastar Francesca para fora para acabar com a gritaria. Seu marido, Ame Perrin, lembrou-se subitamente que tinha de fazer uma viagem a Lyons e, assim, escapou momentaneamente de seu castigo. Francesca permaneceu na cadeia por algum tempo. Como odiava Calvino! "Que tivesse cuidado", ela ameaçou, "ou ele acenderia um fogo adormecido e seria novamente expulso da cidade."

Calvino tentou várias vezes fazer as pazes com a família Favré, especialmente com Ami Perrin — que havia sido um dos mensageiros enviados a Estrasburgo para trazê-lo de volta a Genebra. Perrin gostava da vida livre e fácil. No entanto, se sua esposa, uma "fúria monstruosa", não o tivesse incitado, ele teria sido persuadido. Em uma carta firme, mas apelativa a Perrin, Calvino disse-lhe que não se incomodava com as ameaças de Francesca. "Não voltei a Genebra para repouso ou lucro", escreveu, "e nem lamentaria ser forçado a sair dela. A... segurança da Igreja e do Estado me dispuseram a voltar... e somente com meu último suspiro é que abandonarei minha devotada fidelidade a este lugar". Instou Perrin a reconhecer que as leis devem ser cumpridas com imparcialidade, Calvino apelou: "Que o Senhor lhe revele quão preferidas devem ser as punições de um sincero amigo do que a lisonja traiçoeira de outrem".

Mas a raiva de Ami Perrin e da família de sua esposa continuava a borbulhar. Mais dois homens se apresentaram para serem líderes libertinos ao lado de Perrin. Um deles era Philibert Berthelier. Seu pai fora um famoso patriota que morrera lutando pela liberdade de Genebra. Philibert não era grande assim. Era exibido e cabeçudo. O outro homem do trio de líderes libertinos era o simpático Pierre Vandel. Vandel gostava de aparecer em público rodeado de pajens e admiradores, com seus dedos cheios de ouro. Ele

A confissão pública forçada de Pierre Ameaux perante o Conselho, servindo de exemplo à cidade.

também estivera na prisão algumas vezes por seu comportamento desenfreado e por seu falar insolente ao Conselho da Igreja.

Estes três — Perrin, Berthelier, Vandel — conduziram Calvino à oposição da cidade contra a ordem e a pureza que ele buscava estabelecer. Não perdiam uma oportunidade de contestar Calvino. Em 1547, a contenda girou em torno de culatras talhadas. Para a parada anual e a festa de tiro ao alvo, Ami Perrin queria que seus milicianos vestissem culatras curtas e apertadas, talhadas nas laterais. Solicitou que tal assunto fosse decidido pelo apoio dos Conselhos de Duzentos. Perrin esperava, ao apontar o caminho que tal falta de modéstia e luxo poderia levar. O Conselho de Duzentos tomou resolução contra as culatras talhadas.

Ami Perrin, a quem Calvino chamava de "nosso César cômico", a seguir "saiu apressado em uma viagem… para evitar estar presente na parada pública" em que seus milicianos não estariam marchando com suas novas culatras.

Perrin perdera a batalha das culatras talhadas. Mas ele e seus companheiros ainda não haviam entregado os pontos a Calvino.

VIII. Novos apuros

O descontentamento ardia lentamente, pronto para explodir em chamas.

O Conselho da igreja realizava a sua tarefa com fidelidade. Cada um dos doze presbíteros cuidava bem do seu distrito. Às quintas-feiras de manhã, os acusados pelo Conselho da igreja, por quebrar as leis da cidade, eram levados perante o Pequeno Conselho para punição. Por exemplo, havia o homem que ficava em casa jogando baralho durante o sermão dominical. E os rapazes que causaram algazarra na igreja. E o cidadão que ouvira o orneio de um burro e disse sarcasticamente: "Ele canta um bom salmo". Este último foi expulso da cidade por três meses. E havia um número infindável de bêbados, ladrões, briguentos, adúlteros e outros contraventores.

A cidade, famosa pela imoralidade e vício, ainda estava longe de se assemelhar a uma congregação do povo de Deus. Os conselhos agiam frequentemente com indecisão. Calvino e seus colegas sempre instavam, censuravam, denunciavam e apontavam o caminho da Palavra de Deus a uma cidade e a uma igreja.

As bodegas foram fechadas por um tempo. No seu lugar, apareceram lugares para comer e beber chamados abbayes. A Bíblia francesa estava sempre em exposição nas abbayes. Nenhum freguês seria servido sem antes orar. As abbayes fechavam às nove da noite.

Mas a reforma de Genebra foi uma longa batalha.

Em julho de 1547, Francesca Perrin teve outra briga com o Conselho da igreja. Chamada perante os ministros e presbíteros para explicar seu mau comportamento, ela proferiu os piores insultos contra o pastor Abel Poupin. Então, para escapar da sentença iminente do Pequeno Conselho, Francesca resolveu sair da cidade por um tempo. A caminho do portão da cidade, ela viu o ministro Poupin caminhando na rua estreita. Esporeando seu cavalo, tentou atropelá-lo. Tendo falhado neste propósito, lançou-lhe alguns palavrões ao fugir galopando.

No dia seguinte, uma carta anônima apareceu misteriosamente no púlpito de São Pedro. Estava escrita num dialeto que poucas pessoas em Genebra podiam falar ou escrever. Começava da seguinte maneira, dirigida ao ministro Poupin, cujo nome significava "bochechudo": "Grande barrigudo, você e seus colegas fariam bem em controlar suas línguas... Se nos castigarem demais, ninguém os protegerá... Amaldiçoarão a hora em que deixaram de ser monges... Quando a gente aguenta demais, a gente se vinga... Não teremos tantos senhores. Lembrem-se das minhas palavras".

Um dos poucos que podia escrever e falar o dialeto de Savoy usado na carta era Jacques Guet, um ex-cônego, sobre quem havia caído a suspeita de ter dado início à trama para envenenar Viret e Farel antes da vinda de Calvino a Genebra.

Guet morava sozinho e era conhecido por sua vida imoral. Quando os conselhos realizaram uma busca na casa, encontraram algumas cartas e escritos nos quais Guet zombava da igreja e do estado. Em caráter de traição, escrevera coisas semelhantes. Sob os métodos comuns de tortura usados naqueles dias, Guet "confessou" ter escrito a carta anônima. Embora sem unanimidade, os Conselhos o sentenciaram "a ter a cabeça cortada acima dos ombros, e seu corpo amarrado ao pelourinho e sua cabeça pregada em cima". Conforme as leis dos seus dias, Jacques Guet recebeu uma sentença justa. Três anos após sua execução, foi encontrado, numa rachadura na parede da sua casa, um manuscrito de vinte e quatro páginas contendo linguagem lasciva contra Cristo, a Virgem Maria e os apóstolos. Cristo era chamado, entre outras coisas, de louco imprestável; a Virgem Maria, de meretriz; e os apóstolos, de safados miseráveis.

Na realidade, Calvino quase nada teve a ver com o caso de Guet. Mas o povo se agitou com o assunto, relacionando-o às reformas de Calvino na cidade. Eram cada vez mais influenciados pelos libertinos. Num dia de dezembro de 1547, o Conselho de Duzentos iria se reunir. Calvino, a caminho para lhes falar, ouviu gritos e brigas no pátio do prédio dos Conselhos. Correu para o local do barulho e deparou-se com os conselheiros empunhando suas espadas em meio a uma enorme balbúrdia. O franzino homem com toga preta intrometeu-se no meio da rixa, bradando: "Se quereis que o sangue corra, começai com o meu". Os amigos "puxaram-me para aqui e ali, para que eu não sofresse ferimentos". Espantados e envergonhados, os conselheiros zangados entraram resmungando na sala do Conselho, onde Calvino lhes falou com ardor e seriedade.

Mas não tinha ilusões sobre o efeito das suas palavras. Era como se estivesse "contando uma história a surdos", disse. Acabrunhado e desiludido, escreveu a Viret: "A maldade deles atingiu tal ponto, que desespero de continuar nesta igreja por mais um tempo. Creia-me, estou arrasado e quebrantado, a menos que Deus para mim estenda a Sua mão". E, a Farel: "Que o Senhor ouça as suas orações incessantes a meu favor."

Perrin e seus companheiros sorriam de satisfação. Era a primavera de 1549, e as leis haviam trazido mais libertinos aos conselhos. No Conselho de Duzentos, estavam em número igual aos adeptos de Calvino. Embora não conseguissem o mesmo sucesso no Pequeno Conselho, lá também aumentaram sua influência. Perrin foi eleito síndico, surpreendentemente. Estava eufórico com a vitória.

Os libertinos tornaram-se mais ousados. Calvino caminhava pelas ruas, cercado de insultos. Até as crianças zombavam dele, eliminando letras de seu nome e chamando-o de Caim. Outras pessoas o desabonavam, dando a seus cachorros o nome de Calvino. Certo dia, um grupo rude o empurrou na ponte que atravessava o gélido Ródano. Era tudo como nos dias de 1538, quando fora expulso da cidade.

Isso acontecia quando Idelette estava morrendo na casa da Rua do Canhão, enquanto o ódio libertino contra Calvino alcançava novas alturas.

Atacado de todos os lados, deixado sozinho pela morte da esposa, dizia: "Creia-me, estou arrasado e quebrantado, a menos que Deus para mim estenda a sua mão".

Dois novos inimigos, ambos ex-monges, apareceram para atacar a teologia de Calvino. Os libertinos acolhiam com alegria tal colaboração. Primeiramente, em 1551, veio Jerome Bolsec,[38] "o qual, tendo largado o capuz de monge, tornou-se um daqueles perambulantes". Bolsec também posava como perito em teologia. Criticava os outros pela teologia de Calvino, embora não enfrentasse o próprio Calvino. Em uma sexta-feira, pregava o pastor de uma vila dos arredores. No período de discussão após o sermão, Bolsec levantou-se, denunciando a doutrina da eleição. É bobagem, dizia, uma peça detestável de estultícia. Transformais Deus em um tirano. E se Deus decidiu tudo desde o princípio, Ele próprio é responsável pelo pecado. Esse Calvino, que vos ensina tais coisas, é um impostor. Sois loucos se seguis sua liderança.

Sem ser visto, Calvino havia chegado à igreja a tempo para a discussão. Do fundo da sala, ouvia a invectiva de Bolsec. Então, para a surpresa do ex-monge, Calvino veio à frente para refutar Bolsec e defender a doutrina da eleição. Com sua fantástica memória, citou a Bíblia profusamente, e também os autores patrísticos, como Agostinho. Num argumento sobre as Escrituras, haveria alguém que pudesse enfrentar Calvino? O Pequeno Conselho resolveu expulsar Bolsec da cidade.

Em sua velhice, e com seu ligeiro contato com Calvino, Bolsec produziu um livro sobre a vida do reformador de Gene-

---

38 Ex-monge que atacou publicamente Calvino em Genebra em 1551, questionando a doutrina da eleição. Foi expulso da cidade.

bra. De todos os livros escritos pelos inimigos de Calvino, este é provavelmente o que está mais cheio de mentiras maliciosas, acusações e invencionices.

Mais uma vez, em 1552, o Pequeno Conselho reuniu-se para ouvir debates sobre a doutrina da eleição. Desta vez, era um natural de Genebra, um monge que por algum tempo se tornara um eremita. Zeraphin Trolliet uniu-se aos Libertinos, e estava agora pronto para provar que Calvino, em suas *Institutas*, fazia de Deus o autor do pecado e, consequentemente, ensinava uma doutrina falsa na igreja de Genebra.

O assunto foi demorado e cansativo. Farel e Viret vieram a Genebra para se colocarem ao lado de Calvino. O pobre secretário de atas, que desconhecia o linguajar teológico, escreveu na ata: "Tendo ouvido... suas respostas, agora repetidas com frequência...". E o Pequeno Conselho passou uma resolução que visava satisfazer a todos. Declarava que "as *Institutas*... foram bem escritas e com inspiração, sendo a sua (de Calvino) doutrina a doutrina de Deus". Mas a resolução também declarava que Trolliet era um homem bom e um bom cidadão. E assim terminou o assunto, embora sem uma solução definitiva.

Inimigos nas ruas e nos Conselhos de Genebra. Dificuldades por toda parte. O pastor da Rua do Canhão os enfrentava enquanto seu corpo clamava por descanso e paz. Ocasionalmente, sua asma dava lugar a ataques de pleurisia. Devido à necessidade de falar — no púlpito, na sala de aula, no conselho e em casa —, era forçado a projetar as palavras deliberadamente, pois não respirava com facilidade. Calvino nem sempre podia sentar-se ou locomover-se confortavelmente devido a severas hemorroidas. E as excruciantes dores produzidas pelos cálculos na vesícula e na bexiga o atormentavam também. Quando podia suportar as hemorroidas, montava seu cavalo e saía galopando, na esperança de soltar os cálculos para os quais sua época não conhecia cirurgia. E as dores de cabeça — haveria dias em que não as sentisse? Algumas vezes sentia-se cego pela dor, ou passava a noite acordado. Muitas vezes tomava somente uma refeição por dia. Cãibras, indigestão e gripe eram problemas constantes.

Durante esses anos de ameaças, insultos e dificuldades, o homem doente, humilhado por inimigos, não podia vislumbrar a vitória. Gradualmente, a pregação, o catecismo e a disciplina começavam a encontrar guarida nos corações de muitos em Genebra. Essas pessoas, no entanto, não publicavam tal fato como os libertinos faziam ao combater Calvino. Mas começavam a perceber que o caminho de Calvino — o da Palavra de Deus, com a severidade implícita em seus ensinos — era melhor do que a vida livre e de bazófia de pessoas como Perrin e sua esposa, a megera Francesca.

Mesmo nos conselhos, onde os libertinos tinham grande força, a maioria reconhecia que Calvino devia permanecer em Genebra pelo bem da cidade. Esses homens poderiam se unir para importuná-lo ou recusar seus pedidos. Algumas vezes contribuíam para colocar obstáculos em seu caminho. Induziam-no à raiva. Mas reconheciam que dele não poderiam abrir mão. Havia algo em sua honestidade inatacável, em seu caráter impoluto, em sua mente brilhante e, acima de tudo, em sua absoluta dedicação a seu Mestre e à Palavra de seu Mestre — algo que o prendia a Genebra — ou em qualquer outro lugar. Por maior que fosse a oposição gerada pelos libertinos, os conselhos jamais pediriam a Calvino que saísse outra vez de sua cidade.

No entanto, apesar desses vislumbres de vitória, a maior batalha ainda estava pela frente.

IX. Miguel Serveto

Um homem foi queimado na estaca em uma colina fora de Genebra.

Estranhamente, era a segunda vez que o homem havia sido queimado por heresia. Quatro meses antes, ele havia sido queimado pela Igreja de Roma. No entanto, os seguidores do Papa haviam agido com cuidado suficiente. O herege havia escapado da prisão onde estava detido. Zangados e frustrados, queimaram então apenas um boneco de palha — ou teria sido um quadro? — do seu prisioneiro, juntamente com cinco fardos dos seus últimos escritos. Foi a cidade protestante de Genebra que queimou o homem de verdade.

Miguel Serveto, o espanhol, herege por duas vezes queimado, teve origem semelhante à de Calvino. Ele era, também, filho de rábula, irmão de um padre, estudante de direito e seguidor do Papa. Assim como Calvino, ele havia começado a estudar a Bíblia em suas línguas originais enquanto ainda estudante de direito. Aos dezoito anos, Serveto passou a ter uma crença que lhe custaria a vida vinte e cinco anos mais tarde.

"Deus não é três pessoas", dizia Serveto. Ao contrário, a crença na Trindade transforma Deus em um monstro de três cabeças. "Não se encontra nas Escrituras nenhuma palavra sobre a Trindade ou sobre as suas pessoas", insistia o espanhol. Jesus é um homem, não o Filho eterno de Deus. "O Espírito Santo não é um ser distinto", mas sim o espírito de Deus enviado ao mundo. Aos vinte anos, Miguel Serveto havia publicado seu primeiro livro contendo essas ideias revolucionárias. Dali por diante, ele foi um homem marcado.

Em Estrasburgo, onde o volume foi impresso em 1531, e em Basileia, os Conselhos municipais proibiram a venda do livro. Os líderes protestantes dessas cidades o taxaram de blasfemo. Lutero, Melâncton, Bucer, Bullinger e Zuínglio manifestaram-se contra o livro.

Serveto sabia o que a Igreja de Roma diria sobre seu primeiro livro. Quando a notícia de sua publicação chegou à Espanha, o Supremo Conselho da Inquisição Espanhola ordenou que o autor fosse trazido de volta à sua terra natal, a qualquer custo. "Prometam-lhe favores, mintam-lhe, ordenem-lhe — façam tudo para que possamos tê-lo em nossas mãos", disse o Supremo Conselho. Até seu próprio irmão, um padre, foi enviado para persuadi-lo a retornar.

O que Serveto faria? Os protestantes o rejeitaram e proibiram seu livro. A Igreja de Roma o escoltaria diretamente à estaca para ser queimado. Serveto considerou ir para as Américas recém-descobertas. Ele encontrou então uma solução mais fácil. Mudou seu nome para Michel de Villeneuve, em referência à cidade onde nascera, e viveu por vinte anos sem ser descoberto.

Serveto tinha vinte e dois anos quando apareceu em Paris e marcou um encontro com João Calvino, que havia se convertido naquela época. Por algum motivo, Serveto não compareceu ao lugar marcado, embora Calvino o esperasse ali, arriscando a própria vida.

Nos anos seguintes, o inquieto e brilhante Serveto realizou diversas atividades. Ele editou uma geografia do mundo para um publicador de Lyon. Estudou medicina em Paris e foi, provavelmente, o primeiro homem a descobrir como o sangue circula nos pulmões. Deu palestras sobre geografia e astrologia. Registrou o eclipse de Marte pela Lua. Atreveu-se, inclusive, a prognosticar pelas estrelas o que aconteceria a homens e nações. Por isso, e por falar insolentemente a um professor, Serveto foi julgado pelo parlamento francês. Defendeu-se com tanto sucesso que conseguiu escapar somente com uma séria repreensão e com a proibição de seus opúsculos sobre astrologia. Ninguém teve suspeitas sobre sua verdadeira identidade.

Passou a viver doze anos pacíficos na cidade francesa de Vienne, perto de Lyon. Editava livros e praticava medicina. Ele era um seguidor exemplar de Roma e um grande amigo do arcebispo, que nunca sonhou que Serveto considerava o Papa a "mais vil das bestas, a mais descarada das meretrizes". Enquanto Serveto mantinha sua existência bifronte, ele se ocupava com outro livro. João Calvino havia chamado sua obra-prima de *Institutas*. Serveto chamou seu livro de *Restitutas*, como se estivesse restaurando a verdade da religião cristã à sua forma mais pura.

Em 1546 e 1547, aos trinta e cinco anos, Serveto escreveu a Calvino. Calvino respondeu-lhe com cortesia e enviou-lhe uma cópia de suas *Institutas*. A cópia foi-lhe devolvida com anotações insultantes. Serveto enviou-lhe mais cartas extensas, num total de trinta, nas quais se dirigia a Calvino com condescendência e aspereza. Enviou-lhe, também, um manuscrito das *Restitutas*. No entanto, Calvino sentiu que seria uma perda de tempo precioso continuar a discutir com Serveto. Parou de escrever-lhe. Numa carta a Farel, ele disse: "Serveto acaba de me remeter, juntamente com sua carta, um longo volume de seus delírios. Se eu consentir, ele virá para cá, mas não darei minha palavra, pois, se vier, e se minha autoridade tiver algum valor, não permitirei que ele saia daqui vivo." Calvino, no entanto, apesar de saber a identidade real de Serveto, não tomou nenhuma providência para revelá-la às autoridades católico-romanas em Vienne.

Seis anos depois, as *Restitutas* foram publicadas secretamente fora da cidade de Vienne. Os dois tipógrafos, cunhados, haviam ambos vivido em Genebra. Um deles havia sido libertino, católico-romano. O outro simpatizava com as ideias de Calvino. Este aparentemente não percebeu o que seu cunhado concordara em publicar. Em vez de seu nome, Serveto usou somente as iniciais M.S.V. (Miguel Serveto Villeneuve) na página titular. Mas incluiu as trinta cartas de Calvino no apêndice do livro.

Ao mesmo tempo, na vizinha cidade de Lyon, cinco ministros protestantes jaziam na prisão. Eles haviam recentemente concluído seus estudos na Suíça e estavam retornando como missionários à França, sua terra natal. Foram descobertos três horas após atravessarem a fronteira e colocados na prisão. Todo o mundo protestante estava preocupado com o destino deles. Cartas de protesto e mensageiros vinham em profusão das cidades e igrejas suíças. Calvino também escreveu. Enviou, outrossim, belas cartas de conforto e encorajamento aos cinco jovens pregadores, os quais ficaram aprisionados por um ano até serem acorrentados em grupo e queimados vivos em maio de 1553.

Enquanto os cinco jovens pregadores esperavam na prisão, e logo após a publicação do livro de Serveto, um protestante de Genebra havia escrito ao seu primo católico-romano que residia em Lyon. Havia aspereza no tratamento mútuo, especialmente devido ao aprisionamento dos cinco ministros. O primo católico-romano muitas vezes havia censurado seu primo protestante pela falta de ordem e disciplina na igreja de Genebra. O primo protestante tinha agora algo especial a dizer-lhe em resposta.

"Meu caro primo", escreveu o protestante de Genebra. "Não se queixe de nossa falta de disciplina aqui em Genebra. Há um herege que vive aí em sua vizinhança, blasfema contra a Trindade e acaba de escrever um livro cheio de heresias. Mesmo assim, esse homem vive honradamente em seu meio, debaixo do nariz do cardeal e do arcebispo, enquanto as prisões daí estão cheias de gente inocente. O herege de quem eu falo é Serveto, o espanhol, conhecido em Vienne como Michel de Villeneuve e que aí exerce medicina. Para provar o que digo, envio-lhe as quatro páginas iniciais de seu novo livro."

O primo católico-romano de Lyon foi logo às autoridades eclesiásticas com a notícia. Convocaram Serveto, que jurou por tudo que era somente Michel de Villeneuve, um fidelíssimo seguidor de Roma. As autoridades precisavam de mais provas. Pediram ao primo católico-romano que escrevesse a Genebra, solicitando-as.

O primo protestante em Genebra respondeu ao pedido. "Eu não supunha que o assunto fosse tão longe", disse ele honestamente. "Mas, já que você revelou o que era somente para você, queira Deus que isto possa... servir para expurgar o Cristianismo de tanta sujeira, de tão mortífera pestilência." Explicou, então, que, para obter mais provas, havia procurado Calvino, seu bom amigo, que possuía algumas cartas, as mesmas que estavam impressas no fim do novo livro. O primo protestante havia argumentado por longo tempo com Calvino, implorando e explicando como ficaria sua reputação se Calvino não o ajudasse. "No fim, ele (Calvino) deu-me o que você vê."

Calvino sabia que as cartas originais de Serveto seriam entregues às autoridades para serem usadas contra ele? O próprio Calvino negou mais tarde ter participado da entrega de Serveto à Igreja de Roma, e não temos motivo para duvidar de sua palavra. Mas as cartas, afinal de contas, tornaram-se as provas finais e contundentes contra Serveto, independentemente dos motivos pelos quais foram remetidas. Os esforços de Serveto para eximir-se de culpa não adiantaram. As provas estavam ali. Ele foi colocado na prisão em abril de 1553 para aguardar a sentença.

A prisão era um jardim em um terraço, bem acima da rua. O jardim estava sempre trancado, mas prisioneiros de destaque podiam adentrá-lo, inclusive porque a prisão não possuía um sanitário decente. Na terceira manhã em que Serveto estava na prisão, levantou-se às quatro horas, vestiu-se e, então, colocou na cabeça seu barrete de dormir e o roupão de banho sobre a roupa. Pediu ao carcereiro a chave do jardim. Sem nada suspeitar, o carcereiro entregou-lhe a chave e voltou-se para cuidar das plantas. Serveto tirou seu roupão e barrete, deixando-os debaixo de uma árvore, pulou do jardim para o telhado mais próximo e dali saltou para o pátio. Ao alvorecer do dia, ele foi visto apenas por uma mulher camponesa enquanto corria pelas ruas e saía pelo portão da cidade.

Houve uma busca frenética pelo prisioneiro ausente. A cidade de Vienne resolveu então proferir a sentença assim mesmo. Esta foi a primeira queima de Serveto, realizada com grande solenidade, usando como vítima uma efígie cheia de palha.

Quatro meses depois, o homem de verdade chegou a Genebra. Encontrou hospedagem na Estalagem da Rosa Dourada e pediu a seu hospedeiro que providenciasse um barco para atravessar o lago em direção a Zurique.

Era domingo. Esperava-se que todos os habitantes comparecessem à igreja. Serveto também foi. Alguém o reconheceu ali e contou a Calvino, que imediatamente pediu aos Conselhos que prendessem o visitante. O secretário de Calvino foi à prisão com Serveto, devido à regra que exigia que o acusador ficasse na prisão, também, até que suas acusações fossem provadas. O secretário prontificou-se a ir no lugar de Calvino para que o trabalho diário deste não fosse interrompido.

"No dia 13 de agosto (1553)... Michel de Serveto foi reconhecido por alguns irmãos, e parecia conveniente torná-lo prisioneiro para que o mundo não mais fosse infectado por suas heresias e blasfêmias, porquanto é conhecido como incorrigível." Assim o fato foi registrado nas atas do Conselho da igreja.

O que induziu Serveto a vir a Genebra?

Ele estava a caminho de Nápoles, na Itália, para praticar medicina — foi o que declarou em seu julgamento. A estrada de Vienne para Nápoles certamente não passava ao norte por Genebra e Zurique. Por que ele veio então a Genebra, após ter escapado por um triz do fogo da Igreja de Roma? Teria Serveto ouvido do libertino que imprimiu suas *Restitutas* que Calvino estava em apuros em Genebra? Ele saberia que os inimigos de Calvino esperavam derrotá-lo e a sua obra? Sim, é provável que tenha ouvido tais coisas. Ele esperava, então, ser apoiado por esses inimigos? Ele achava que podia espalhar sua própria doutrina em Genebra? Ou estaria apenas passando ali por curiosidade? Ninguém sabe.

Calvino preparou um documento com trinta e nove acusações contra Serveto. O julgamento começou então. Continuou, intermitentemente, por dois meses e meio. Parte do julgamento consistiu nos escritos em latim entre Calvino e Serveto, e parte em argumentos face a face.

Os libertinos tiveram prazer em ficar do lado do novo inimigo de Calvino. Ami Perrin estava sentado na cadeira de presidente do Pequeno Conselho. Berthelier, outro líder libertino, era um funcionário durante as deliberações. O próprio Serveto, longe do choro e do servilismo demonstrado em Vienne, mostrava-se agora petulante e desdenhoso em relação a Calvino. Parecia ser senhor de si. Lançava nomes a Calvino e o tratava com menosprezo, como se Calvino fosse o acusado. "Criminoso, assassino, desgraçado, mentiroso, anão ridículo… acha que tem a capacidade de ensurdecer os ouvidos dos juízes com seu latido de cão?" Assim era a sua linguagem.

Calvino continuava a apresentar provas para fundamentar suas trinta e nove acusações. Os dois homens argumentavam veementemente, no papel e pessoalmente. Embora Serveto fosse mais insultante e desdenhoso, Calvino também falava frequentemente com aspereza. Calvino estava tomado por uma poderosa ira contra este homem que descaradamente negava que

Cristo era eternamente Deus. Este era o homem que também arrogantemente asseverava que os homens nascem inocentes, que as crianças não deviam ser batizadas e que os homens, não Deus, decidem sua própria salvação. Poderia tal herege blasfemo escapar à punição quando milhares de protestantes fiéis estavam sendo queimados em outros lugares?

Serveto precisava ser punido. As leis da época o exigiam. Estavam impressas, preto no branco, no *Codex de Justiniano*,[39] o livro legal padrão ainda seguido no Santo Império Romano. Pelo crime de negar a Trindade, rezava o *Codex*, é a morte.

X. Quem queimou Serveto?

Mas o poder de sentenciar Serveto não estava nas mãos de Calvino. Estava completamente nas mãos do Pequeno Conselho de Genebra. E nunca foi tão pouca a influência de Calvino sobre o Conselho como nos meses em que Serveto esteve na prisão.

Eram esses os meses da luta mortal com os libertinos sobre a questão da excomunhão. Berthelier, o líder libertino, fora avisado pelo Conselho da igreja que não poderia vir à Ceia do Senhor. Numa rixa de bêbados, ele e alguns companheiros fizeram um ministro correr até a porta de sua casa. O Pequeno Conselho assumiu, ousadamente, o poder da igreja, restaurando a Berthelier o direito à comunhão. Os libertinos estavam prontos para desafiar Calvino nesta questão crucial, um dos fundamentos do seu governo eclesiástico.

---

39 Coleção de leis romanas (*Corpus Juris Civilis*), que previa a pena de morte para o crime de negar a Trindade, conforme a prática legal da época.

Calvino protestou com veemência. O Pequeno Conselho, com Ami Perrin na presidência, rejeitou seu protesto. No dia anterior à Santa Ceia de setembro, Calvino enfrentou os vinte e cinco homens na sala do conselho. Tremendo de emoção, ele lhes disse: "Assevero que prefiro morrer do que ver desonrada a Ceia do Senhor… Preferiria estar morto cem vezes do que cometer tão terrível escárnio contra Cristo".

Na manhã seguinte, Calvino ocupava o púlpito de São Pedro, sem saber que, após se retirar da sala do Conselho, a maioria dos membros havia resolvido que Berthelier não poderia aparecer na igreja no dia seguinte.

Este foi um dos momentos mais dramáticos na vida de Calvino. "Pedi a Deus que me desse firmeza e minha oração foi respondida", contou à congregação silenciosa diante da Ceia do Senhor. "Por conseguinte, deveis saber que, ocorra o que ocorrer, agirei conforme o mandamento do meu Mestre que me foi claramente revelado. Caso haja qualquer pessoa, durante a Ceia do Senhor que vamos celebrar, se aproximando da mesa do Senhor, apesar de tal privilégio lhe ter sido negado pelos presbíteros, tomarei a atitude que é exigida de mim".

O homem franzino, com toga preta, desceu do púlpito pela pequena escada circular. Postou-se por trás das mesas da comunhão e levantou seus braços para abençoar o pão e o vinho. O povo começou a vir à frente, para tomar seus lugares às mesas. Calvino os observava com olhos penetrantes, esperando que a figura do fanfarrão Berthelier se aproximasse. Mas não apareceu.

Calvino não conhecia o motivo da ausência de Berthelier. Sabia apenas ter-se manifestado publicamente contra uma decisão do Pequeno Conselho, e que poderia aguardar o julgamento deles sobre tal fato. Voltou à sua casa na Rua do Canhão para se preparar para o sermão da tarde. Seria seu sermão de despedida, suas últimas palavras para São Pedro antes que os Conselhos lhe ordenassem que se retirasse outra vez da cidade. Os Libertinos ganharam a vitória — que mais poderia concluir? Libertariam Serveto e o deixariam espalhar suas doutrinas perversas na cidade da qual Calvino seria exilado. Este, então, era o fim. E somente Deus sabia o porquê.

A Escritura vespertina era a mensagem de Paulo ao se despedir dos seus presbíteros em Éfeso. Poderia ter sido escrita para a despedida de Calvino de Genebra. "... Sabeis como foi que me conduzi entre vós em todo o tempo desde o primeiro dia..., servindo ao Senhor com... muitas lágrimas...". A voz do púlpito tremia. As mãos magras se apoiavam no gradil entalhado. "... E agora... eu sei que vós... não mais vereis a

Serveto perante o Pequeno Conselho, interrogado pelo crime de negar a doutrina da Santíssima Trindade.

minha face… Tende, portanto, cuidado de vós mesmos, e de todo o rebanho… pois sei o seguinte: que após a minha saída lobos vorazes entrarão no vosso meio… E agora, irmãos, recomendo-vos a Deus, e à palavra da Sua graça…".

Mas o arauto, com seu bordão prateado, não apareceu na casa da Rua do Canhão com outra ordem de exílio.

Surpreso com essa moratória, Calvino continuou na rotina de deveres, com o julgamento de Serveto.

Serveto estava agora bem-humorado. Os piolhos e o fedor da prisão o incomodavam terrivelmente, mas as notícias que recebia do carcereiro, um libertino, eram boas. Serveto esperava que os inimigos de Calvino vencessem e ele fosse solto. Sua ousadia chegara a ponto de escrever ao Pequeno Conselho: "Portanto, meus senhores, exijo que o meu falso acusador seja punido… que sua propriedade me seja outorgada em recompensa pela minha… e que seja ele conservado prisioneiro assim como eu até que o julgamento seja decidido pela sua morte ou pela minha ou qualquer outra punição". É interessante que o próprio Serveto esperava que o veredito do julgamento fosse a morte, mas não que seria ele quem morreria.

Contra a recomendação de Calvino, o Pequeno Conselho resolveu solicitar opiniões das igrejas e conselhos de representantes de quatro cidades suíças. O Conselho já havia solicitado tais recomendações, que resultaram em respostas inconsequentes. Acreditando numa provável repetição de respostas moderadas, o Pequeno Conselho poderia, então, libertar Serveto.

Mas, desta vez, as respostas de Zurique, Berna, Basileia e Schaffhausen foram surpreendentes — um abalo, inclusive, para os Libertinos. Não havia nada moderado nas respostas.

Cada conselho e cada igreja denunciaram Serveto, afirmando que suas blasfêmias precisavam ser contidas antes que pudessem prejudicar ainda mais a igreja de Cristo. Em nossa cidade, disse Berna, a penalidade seria a morte pelo fogo.

A última das respostas chegou a Genebra no dia 18 de outubro. Ami Perrin manobrou rapidamente. Primeiramente, afirmou estar doente para protelar uma decisão. Pediu então que o assunto fosse transferido para o Conselho de Duzentos, onde os Libertinos tinham mais força. Mas o Pequeno Conselho estava cioso dos seus poderes e não entregaria o caso. Estava pronto para sentenciar Serveto. Pelo crime de negar a Trindade e o crime de se opor ao batismo de crianças e "você tem obstinadamente tentado infectar o mundo com o seu veneno herético e malcheiroso... nós agora damos por escrito sentença final e o condenamos, Miguel Serveto, a ser amarrado e levado a Champel e ali afixado numa estaca e queimado com seu livro até às cinzas".

Foi este o veredito do Pequeno Conselho. Foi um veredito unânime, pois até os libertinos perceberam que não poderiam ignorar as opiniões de quatro influentes cidades. Calvino ouviu a sentença e imediatamente pediu ao Conselho que substituísse a estaca pela escada, porquanto a decapitação era mais misericordiosa do que a queima na estaca. Mas o Pequeno Conselho rapidamente recusou-lhe esse pedido também.

Serveto ouviu o veredito na sua imunda cela na prisão. Ficou tão abalado que "gemeu como um louco" por horas seguidas. Ficou quieto, então, quase humilde, embora continuasse firme em suas crenças. Calvino foi visitá-lo. Serveto pediu-lhe perdão. Calvino respondeu, instando-o, como havia feito anteriormente:

"Creia-me, jamais tive a intenção de processá-lo por causa de alguma ofensa pessoal contra mim. Há dezenove anos, colocando em perigo a minha vida, quis encontrar-me com você em Paris para ganhá-lo para o nosso Senhor. E depois, quando você vivia como um fugitivo, quis novamente mostrar-lhe o caminho certo pelas minhas cartas, até que você começou a odiar-me por causa da minha firmeza… Mas… peça perdão ao Deus perene que você blasfemou… Seja reconciliado ao Filho de Deus… ao Salvador".

Farel havia chegado a Genebra. Instou também com Serveto. Mas Serveto, embora fosse à estaca com medo e não com o gozo de muitos mártires protestantes, permaneceu firme em suas convicções. Farel o acompanhou para fora da cidade e subiu a colina ao seu lado até o lugar onde seria queimado.

Com seu livro amarrado ao braço, seu corpo acorrentado à estaca, Serveto morreu nas chamas na colina chamada Champel. Tinha quarenta e dois anos de idade. Era 27 de outubro de 1553.

Assim morreu o homem cujo nome estaria para sempre vinculado ao de Calvino. Estaria ligado pelo fogo, embora Calvino tivesse sido a única pessoa a fazer um apelo contra o uso da estaca. A decisão de matar Serveto não havia sido de Calvino, nem foi motivada por sua influência. O veredito foi do Pequeno Conselho de Genebra, com o aconselhamento de cidades irmãs. Estes fatos nem sempre são lembrados.

Mas Calvino havia participado da morte de Serveto. Havia pedido aos Conselhos que prendessem o espanhol. Havia feito acusações contra ele. Havia debatido perante o Pequeno Conselho para provar que as heresias deste homem estavam ameaçando a igreja de Cristo. E, apesar de Calvino não ter participado da sentença, ele a aprovou, embora sem a pena de fogo. Calvino o chamava: "O herege... autocondenado". Escreveu até um pequeno livro defendendo a pena de morte.

Outros líderes protestantes estavam a favor da pena de morte. O brando Melâncton, sempre inclinado à paz e à transigência, escreveu a Calvino: "A igreja de Cristo ficar-lhe-á grata... O seu governo, de acordo com todas as leis, providenciou a morte desse blasfemo." Era uma época de estacas, em que os homens ainda acreditavam ser seu dever julgar as crenças alheias sobre Deus.

Hoje existe uma pedra no lugar onde Serveto morreu. Foi colocada ali muitos anos depois pelos seguidores de Calvino. Há uma inscrição francesa na pedra: "Como filhos reverentes e agradecidos de Calvino, nosso grande Reformador, repudiando seu erro, o erro da sua época, e, conforme os verdadeiros princípios da Reforma e do Evangelho, apegando-nos à liberdade de consciência, erigimos este monumento de reconciliação neste 27.º dia de outubro de 1903."

Olhando para trás, da plataforma deste século vinte, lamenta-se que Calvino, na maneira de tratar Serveto, tenha agido como outros homens do seu tempo. Lamenta-se especialmente porque, nos seus escritos e nos seus atos, Calvino estava muito além da sua época, apontando o caminho para a tolerância e a liberdade, para a separação entre a igreja e o estado, e para o direito de cada homem crer em Deus conforme sua consciência.

O milagre consiste em que Deus tenha usado um servo pecador como João Calvino de maneira tão poderosa para edificar Sua igreja e influenciar Seu mundo.

XI. Genebra, cidade de Deus.

A luta amarga em Genebra estava quase acabada. Haveria mais uma grande peleja, mas seria como a convulsão de um animal moribundo. Os libertinos estavam em debandada. Tinham perdido a batalha de Serveto, como também a batalha de Berthelier e a Ceia do Senhor. Perderam, acima de tudo, o apoio popular. As eleições de fevereiro de 1555 colocaram no Conselho de Representantes quatro síndicos que favoreciam o programa de Calvino para a Igreja e para a cidade. Genebra, a Sodoma para a qual Calvino havia chegado, estava sendo transformada numa cidade de Deus.

Os libertinos fizeram uma derradeira tentativa. Procuraram aproveitar o problema dos refugiados franceses, que faziam de Genebra o seu novo lar. Por muitos anos, milhares tinham chegado e estavam se tornando cidadãos íntegros da cidade.

"Abaixo com os estrangeiros que nos trairão, entregando-nos à França", bradavam os libertinos. "Genebra pertence aos cidadãos de Genebra". Incapazes de agitar a gente decente, os libertinos arrebanharam a escória — malandros, perambulantes, bufarinheiros, valentões e bodegueiros. Berthelier e Ami Perrin davam de comer e beber aos seus recrutas antes de lhes dar as ordens. O plano consistia em que, numa determinada noite, após a sentinela das nove, os recrutas matariam todo francês que encontrassem, pretextando que os franceses os haviam atacado primeiro.

Quando a noite do ataque chegou, a turba sarapintada ficou confusa. Tinham, afinal de contas, comido e bebido desde o meio-dia e, ao cair da noite, tudo lhes parecia um tanto nublado. Largados para a bandalheira, conseguiram somente gerar barulho, cambaleando estupidamente pelas ruas. Mesmo aqueles que estavam suficientemente sóbrios para empunhar suas espadas, não encontraram vítimas. Relatou Calvino: "O Senhor, Ele mesmo… cuidou dos refugiados e deu-lhes um sono profundo… Nenhum deles saiu de casa."

Os Conselhos já não aguentavam mais. Resolveram julgar os libertinos. Berthelier, Vandel e Perrin — com sua impossível Francesca — fugiram para Berna, escapando das sentenças de morte. Mas outros sete pagaram com suas vidas.

Após muitos anos tempestuosos, a paz voltara a Genebra. Enquanto povos e nações ao seu redor eram abalados por guerras e dificuldades, a cidade no lago caminhava firmemente para ocupar seu lugar como cidade mundial da Reforma. Devido ao homem que morava na Rua do Canhão, Genebra era a sede da fé protestante para todo o mundo da época.

Esta era a cidade da qual João Knox,[40] o grande reformador escocês, falou: "Existe aqui a mais perfeita escola de Cristo desde os dias dos apóstolos". João Knox residiu por três anos em Genebra. Tornou-se cidadão da cidade. Pregou em inglês aos refugiados ingleses no pequeno auditório junto a São Pedro, o mesmo auditório onde Calvino lecionava nos dias úteis da semana. Knox retornou à Escócia em 1559 e fez de sua terra o berço da Igreja Presbiteriana, uma igreja que seguia a doutrina e o governo eclesiástico expostos por Calvino.

As leis eram rígidas na cidade da Reforma. Da bandalheira desenfreada à santidade plena — nada menos serviria. Havia

---

40 John Knox (c. 1514–1572), reformador escocês, que estudou em Genebra e se tornou o fundador da Igreja Presbiteriana da Escócia.

leis para proteger o povo e não somente para puni-lo. Calvino influenciou os Conselhos a aprovarem leis de saúde e segurança, algumas das primeiras desse tipo na Europa.

Não jogar lixo ou excrementos humanos nas ruas. Não fazer fogo em quartos sem chaminés. Devem-se colocar grades nas escadas para evitar que as crianças caiam. Enfermeiras, não levem consigo para a cama os bebês sob seus cuidados. Proprietários, não aluguem nenhum quarto sem a permissão policial. Sentinelas, atendam às suas rondas noturnas com fidelidade. Negociantes, negociem com honestidade, sem cobrar demais pela mercadoria. Homens de Genebra, nenhum soldado mercenário será recrutado em nossa cidade para servir outro rei ou país.

Estas eram algumas das novas leis. E, chegando a ocasião de eleições, o pregador de São Pedro não deixava de pregar um sermão sobre o dever dos cidadãos de eleger homens piedosos e o dever dos eleitos de governar sob a direção de Deus e para Ele.

O pregador de São Pedro era também advogado, diplomata e especialista em tudo. Os Conselhos cada vez mais dependiam dele para opiniões técnicas. Mantinha-se a par de tudo. E por que não? Não deveria tudo no mundo ser estudado e usado para a glória de Deus? Por isso, quando o primeiro dentista veio à cidade, foi enviado a Calvino. Calvino usou a própria boca para testar a perícia do homem antes de o recomendar para uma licença profissional. Quando alguém pintou um quadro para comemorar um tratado com Berna, Calvino foi solicitado a atuar como crítico e a aprová-lo. Um indivíduo inventou uma maneira mais barata de aquecer as casas — o que Calvino achava? Perguntaram os Conselhos.

Embora Berna não fosse simpática a Calvino, ele foi o homem indicado por Genebra para negociar os novos termos do importante tratado que precisava ser renovado. Era uma situação delicada, pois Berna sempre procurara manter suas mãos nos negócios de Genebra. E, agora, pela primeira vez, um tratado foi assinado e selado, no qual Berna reconhecia a cidade no lago como sua igual.

Como era possível que o homem que fazia todas essas coisas não fosse cidadão da sua cidade? Poderia ter sido. Mas nunca requereu tal privilégio, para que ninguém pensasse que ambicionava o poder. Milhares de refugiados solicitaram cidadania e tiveram seus requerimentos deferidos. Calvino, no entanto, conhecido em toda a Europa como "homem de Genebra", era ainda um estrangeiro na cidade que tornara famosa.

Nos anos finais da vida de Calvino, seus livros continuavam a sair das impressoras. Legou ao mundo noventa e seis obras. Os comentários, que eram suas conferências anotadas por secretários e editadas pelo próprio Calvino, cobriam todos os livros da Bíblia, com exceção de nove no Velho Testamento e o livro de Apocalipse no Novo Testamento. Sua pena nunca parava. Mantinha vários secretários também atarefados. Cartas, cartas, e mais cartas — restam ainda hoje trinta e cinco volumes encadernados. Mas não foi só isso. Graças a secretários fiéis, que escreviam o que Calvino pregava, também foram preservados mais de dois mil sermões.

A Igreja de Genebra conhecia agora a paz e o progresso. O número de ministros alcançou dezoito. O Conselho da Igreja tinha poder real sobre assuntos eclesiásticos, inclusive a excomunhão. E a música da Igreja — que emoção ouvir o povo de Genebra cantando os salmos!

Por dezessete anos, tiveram um famoso professor de canto, Louis Bourgeois,[41] o homem que escreveu a música para a Doxologia, "A Deus, supremo benfeitor".[42] Bourgeois ensinou tanto as crianças quanto os adultos a cantar os salmos. Foi o primeiro a afixar os números dos salmos em tabuletas na Igreja para a orientação da congregação. O Saltério de Genebra foi publicado em 1562, com muitas melodias compostas por Bourgeois. As letras eram de Clemente Marot e de Teodoro Beza, mas a orientação era de Calvino. Com o Saltério de Genebra, Calvino legou ao mundo mais um tesouro.

Mas a maior glória dos seus últimos anos foi a Academia de Genebra, a primeira universidade protestante a ser estabelecida no mundo. Fora, por muitos anos, o sonho de Calvino. Estava plenamente convencido de que Deus desejava que Seus servos fossem educados, bem preparados, pessoas fora do comum — os ministros especialmente, mas também funcionários governamentais, médicos, advogados e as demais profissões.

Poderia Genebra ter uma universidade para treinar tais servos para Deus? A cidade no lago não tinha nenhum príncipe ou cardeal para dar seu nome ou fortuna a um educandário. Genebra tinha agora vinte mil habitantes, mas um terço eram

---

41 Compositor e mestre de canto em Genebra, que arranjou muitas das melodias para o Saltério de Genebra, incluindo a música da Doxologia.

42 A melodia composta por Louis Bourgeois (c. 1530-1601) para o Saltério de Genebra não foi escrita originalmente para a letra "A Deus, Supremo Benfeitor". Bourgeois musicou os Salmos (como o Salmo 134), com letras versificadas em francês. A Doxologia em questão ("Praise God from Whom All Blessings Flow"), escrita pelo bispo Thomas Ken no século XVII, é uma letra posterior que se popularizou usando a melodia original de Bourgeois. [N.R.]

A maior glória dos últimos anos de João Calvino foi a Academia de Genebra. Fundada por ele em 1559, foi a primeira universidade protestante a ser estabelecida no mundo.

refugiados que chegaram sem recursos. Para o espanto do resto da Europa, Genebra tomava providências para fundar uma universidade. Cada cidadão sacrificou-se um pouco para participar. A esposa de um pobre padeiro daria somente cinco moedas, mas um tipógrafo influente a compensaria, doando à escola a maior parte de sua fortuna. E assim por diante, em todos os cantos da cidade. Advogados, ao fazerem testamentos para os moribundos, sugeriam que lembrassem a Universidade em seus legados. Caibro por caibro, a escola foi construída numa pequena colina "varrida por ventos do leste e do sul", não muito distante de São Pedro. Calvino frequentemente se arrastava até lá para observar a construção do prédio. Estivera acamado por vários meses com uma espécie de malária, adquirida de mosquitos que infestavam os fossos pantanosos ao redor da cidade. Nunca se recuperou completamente da malária, que continuou a afligi-lo juntamente com as demais indisposições.

Tinha de ver, no entanto, o progresso do prédio — o sonho tornando-se realidade.

Talvez fosse ideia sua que, no teto da varanda, sustentada por pilares de granito, houvesse três textos em três línguas. "O temor do Senhor é o princípio da sabedoria", dizia o texto em hebraico, a língua do Velho Testamento. "Cristo tornou-se para nós a sabedoria de Deus", dizia o texto em grego, a língua do Novo Testamento. E, em latim, a língua dos eruditos, o texto era: "A sabedoria que vem do alto é pura, tranquila e plena de misericórdia."

Pode-se ir hoje a Genebra e ainda encontrar o velho prédio, aumentado com alas em ambos os flancos e usado por um ginásio. Mas a parte central continua mais ou menos como Calvino a conhecia, onde caminhava e dava aulas aos rapazes que se assentavam diante dele. Embaixo da varanda frontal, ainda existe uma sala de aulas original, denominada por gracejo de "a catacumba", pois era ali que se realizavam os exames finais.

E o que era uma universidade sem um corpo docente? E o que era um corpo docente se não fosse o melhor? Calvino escreveu a Paris e a outros lugares, convidando os principais professores protestantes para lecionar na nova escola. Justamente nesta ocasião, o respeitável corpo docente em Lausanne tinha uma longa disputa com Berna, que controlava a região. Beza, Viret e alguns de seus colegas resolveram deixar a Universidade de Lausanne para não comprometerem suas convicções. Foram nomeados, juntamente com outros, para a nova universidade de Genebra. Beza foi escolhido como reitor. Calvino serviu como um dos professores. De fato, o corpo docente já estava formado antes mesmo da conclusão do prédio.

Os clarins e o grande sino Clemence convocaram o povo a São Pedro no dia 5 de junho de 1559. Era a cerimônia inaugural da Academia de Genebra. O Secretário do Pequeno Conselho fez a leitura dos regulamentos do educandário, escritos por Calvino. Os professores foram empossados. Os alunos afirmaram fidelidade à Confissão de Fé Reformada. Beza, o reitor, pronunciou excelente palestra em latim. E Calvino, o homem cujo sonho se concretizava, falou em francês. Falou brevemente, "como era seu costume", e encerrou a reunião com uma oração.

Para o espanto contínuo do resto da Europa, a escola consolidou-se desde o princípio. Em pouco tempo, contava com uma matrícula de novecentos rapazes! Vieram de todos os cantos da Europa, muitos da França. Após a conclusão do curso secundário, alguns permaneceriam para estudar teologia, medicina ou direito.

Os estudantes saíam bem preparados da Academia. "Os rapazes da Academia de Genebra falam como doutores da Sorbonne" — tinham esta reputação. Mas eram mais do que bons alunos. Eram alunos cristãos, bacharéis da primeira universidade protestante do mundo. Nos anos seguintes, muitos homens conhecidos seriam incluídos no rol dos graduados da Academia de Genebra. Entre eles estava Caspar Olevianus, coautor do Catecismo de Heidelberg.

Genebra havia, assim, se transformado em um extraordinário centro da fé reformada. Tinha um líder mundialmente famoso, uma Igreja fiel à Palavra de Deus e bem governada, uma cidade comprometida com a Reforma, tanto na teoria quanto na prática, e, agora, a primeira Universidade Protestante a preparar estudantes cristãos.

Desse centro, pregadores e missionários saíam para toda a Europa. Postavam-se à porta de Calvino, suplicando a oportunidade de serem enviados. Muitos eram franceses, pedindo que fossem enviados à sua terra natal. "Assediavam minha porta", escreveu Calvino a um amigo. "Lutam entre si pelas vagas... Tento às vezes recusá-los... Lembro-lhes que em mais de vinte cidades os missionários foram exterminados pelo povo. Mas nada os fez desistir." Nem mesmo o rei francês, que enviou uma advertência oficial a Genebra, queixando-se da infiltração dos ministros procedentes da sede do Protestantismo.

1559 foi um ano memorável.

Em maio, a Igreja Reformada da França reuniu seu primeiro sínodo nacional em Paris. Enquanto seus adeptos sofriam torturas e morte por sua fé, a Igreja foi organizada, adotando a forma de governo exposta por Calvino. Calvino estava presente naquele sínodo em espírito e por suas cartas. Esta era a Igreja de sua pátria. Ele a amava e orientava. Muito distante da sede, era seu líder dedicado.

Em junho, a Academia de Genebra foi aberta formalmente, tornando-se modelo para muitas outras universidades protestantes em anos posteriores.

Em julho, Calvino completou cinquenta anos de vida. Apesar de suas enfermidades, podia olhar ao redor e agradecer a Deus pelo que havia sido realizado em Genebra. Sentia-se agradecido também por haver escapado da morte no ano anterior, quando fora acometido pela malária. Durante aqueles meses de grave enfermidade, lutara para concluir uma edição final das

Institutas. Era bem maior do que as anteriores. Havia dias em que não esperava viver para ver a edição pronta para o prelo.

O Senhor o poupara. Agora, em agosto de 1559, a edição final saía do prelo — oitenta capítulos em quatro grandes volumes. O Senhor fora bom. Calvino julgava-se não merecedor de concluir a obra-prima protestante que falaria ao mundo por séculos.

Em novembro de 1559, um dos conselheiros sugeriu que um ministro comparecesse a todas as reuniões do Conselho, para ler a Palavra de Deus e invocar a bênção divina sobre os negócios da cidade de Genebra. A Palavra de Deus, pregada do púlpito, ensinada na Academia, recebia agora seu devido lugar também no governo da cidade.

E, em dezembro, no dia de Natal, mais um alegre evento ocorreu. Os membros do Pequeno Conselho, contrariando a praxe, convidaram Calvino para se tornar cidadão de Genebra. Ficou tão emocionado, que mal podia encontrar palavras para agradecer-lhes.

Mas o ano teve uma conclusão sóbria. No mesmo dia em que assumira a cidadania de Genebra, Calvino teve um violento ataque de tosse. A tosse trouxe à sua boca uma torrente de sangue. O médico de Calvino achou que uma artéria arrebentara, não reconhecendo os sinais certos de uma condição avançada de tuberculose.

Restavam-lhes quatro anos e meio de vida.

XII. Se a casa terrestre se desfaz

O homem togado de preto, caminhando pela rua estreita, parecia mais morto do que vivo, exceto pelos olhos que brilhavam tão intensamente como antes. O corpo estava meio-morto, estropiado, protestava e recusava-se a cumprir sua função. Mas o espírito invencível exigia que o corpo fizesse suas rondas diárias. A mente por trás dos olhos penetrantes não havia perdido nada de sua vivacidade.

Calvino continuava a ocupar o púlpito de São Pedro. Lecionava no pequeno auditório junto à igreja. Subia esbaforido os degraus que o levavam às salas de aula na Academia. Retornava então para casa e para a cama. Secretários cercavam seu leito. Escreviam as palavras que ele pronunciava entre fôlegos sôfregos e ásperos. Enviava cartas, especialmente para a França, onde a guerra civil ameaçava eclodir entre protestantes e católicos romanos. Um novo comentário foi dedicado; outro opúsculo sobre uma doutrina controvertida foi concluído. Despedia-se de missionários na véspera de suas partidas e dava recomendações às igrejas. Livros saíam dos prelos. E o trabalho continuava ininterruptamente.

"Por companhias, por esquadrões, e por ataques individuais, tenho sido invadido por uma turba de inimigos", escreveu Calvino a alguns médicos sobre suas enfermidades. "Há vinte anos não vivo sem dores de cabeça". Artrite e gota mutilavam as articulações das pernas e dos braços. Cálculos nos rins, grandes demais para serem expelidos, causavam-lhe uma agonia imensa. Um grande peso parecia comprimir seu peito, dificultando cada respiração. Mas não havia queixa alguma deste homem, atacado por esse exército de indisposições. Com um humor à toda prova, escreveu a Beza, que estava viajando: "você me escreve às altas horas da madrugada, enquanto estou na cama às sete, como é meu costume. Mas é este o fim de homens saudáveis como eu."

Certo dia, em 1562, Calvino ainda encontrou forças suficientes para sair da cidade. Pela segunda vez, a tragédia do adultério caía sobre o círculo de sua própria família. Não suportava ficar na casa da Rua do Canhão, tão envergonhado e abatido. A primeira vez, em 1557, fora com Ana, a mulher de Antônio, apanhada em adultério com Pierre, o mordomo corcunda de Calvino. Pierre havia roubado de seu mestre por cerca de dois anos — o que também fora descoberto. Ana fora banida da cidade. Antônio conseguiu um divórcio, casando-se mais tarde. A casa na Rua do Canhão nunca voltou a ser a mesma.

E agora, em 1562, era Judite, filha de Idelette, a moça que todos respeitavam como virtuosa e piedosa. Casara-se seis anos antes e vivia feliz — mas agora comparecia perante o Conselho da igreja, confessando o adultério do qual era acusada. Acabrunhado e envergonhado, Calvino conseguiu chegar ao sítio de Antônio para esconder-se por alguns dias. Voltou, depois, à Rua do Canhão e ao trabalho. Quando amigos lhe imploravam que descansasse, que parasse, sacudia sua cabeça e respondia: "O quê? Gostariam que o Senhor me encontrasse desocupado quando Ele chegar?"

No domingo, 6 de fevereiro de 1564, Calvino ocupava pela derradeira vez o púlpito habitual de São Pedro. Pregava sobre a harmonia dos evangelhos quando foi acometido por uma tosse. Não conseguiu estancá-la desta vez. O sangue lhe subia quente à boca. Lenta e relutantemente, desceu pela escada circular, deixando seu sermão inacabado. A congregação olhava ansiosamente em silêncio.

Na quarta-feira anterior, Calvino pregara sobre os livros dos Reis. E, na Academia, na tarde do mesmo dia, dera sua última aula sobre Ezequiel.

Estava na hora das despedidas.

Primeiramente, dirigiu-se ao prédio dos Conselhos de representantes, onde tantas vezes estivera, na derrota ou na vitória, convidado ou não. Foi carregado para lá no fim de março. Queria apresentar ao Pequeno Conselho um novo reitor para a Academia. Beza deixaria a reitoria para ser o sucessor de Calvino.

Não havia degraus para o terceiro andar, onde se localizava a sala do conselho. Para reduzir o esforço de Calvino, os Conselhos haviam construído, há algum tempo, uma rampa no lugar das escadas. Calvino subiu por ela pela última vez, sustentado por amigos em ambos os lados. Tudo era tão conhecido: passava-se por uma grande sala de espera até a primeira porta da sala do Pequeno Conselho. Aqui se postava o arauto, em seu leão de madeira e com seu bordão prateado. Pela primeira porta, entrava-se em um pequeno corredor estreito. Nesse corredor havia uma íngreme escada em espiral que descia a uma das prisões, de onde prisioneiros eram trazidos para o julgamento. Mais adiante, no fim do pequeno corredor, uma segunda porta dava entrada à sala do Pequeno Conselho. A sala tinha quatro janelas, mesas entalhadas e, em um canto, um fogão de tijolos, verde e com cinco lados, para aquecê-la.

O novo reitor foi apresentado e empossado. Então, Calvino, segurando o gorro na mão, falou brevemente ao Pequeno Conselho. Agradeceu-lhe as demonstrações de bondade durante sua enfermidade. Disse ter-se sentido melhor dois dias antes, mas agora parecia "que a natureza não aguenta mais". O secretário introduziu sua pena no tinteiro e escreveu que Calvino falou "com grande dificuldade na respiração e com uma gentileza maravilhosa que quase trouxe lágrimas aos olhos dos conselheiros. E foi esta a última vez que ele veio à sala do conselho".

Sobre a porta pela qual deixou o prédio dos conselhos de representantes estava o lema no escudo de Genebra: *Post Tenebras Lux*.[43] "Luz Após Trevas". Mais do que qualquer outro homem, Calvino havia tornado realidade essa legenda na cidade junto ao lago.

E agora a São Pedro.

Era o domingo da Páscoa, dia 2 de abril. Calvino foi carregado em sua cadeira, de sua casa na Rua do Canhão, e colocado perto do púlpito de onde pregara centenas de sermões. Beza pregava agora. Celebrou-se a Ceia do Senhor. Calvino recebeu os elementos das mãos de Beza. Teria recordado, ao sentar-se ali pela última vez, da Páscoa que precedeu seu exílio quando recusou celebrar a Santa Ceia devido à maldade do povo?

A congregação ergueu-se para entoar o último hino. O comovente uníssono vibrou por todos os cantos da igreja. Calvino cantou também, com júbilo em sua face. "Agora, Senhor, despede em paz o teu servo, segundo a tua palavra"[44] — foi este o hino final.

---

43 Em latim: "Luz Após Trevas". O lema simplificado de Genebra, refletindo a transformação da cidade pela Reforma.
44 Referência ao *Nunc dimittis* (Lucas 2:29-32), o cântico de Simeão, frequentemente usado como hino de encerramento em funerais ou despedidas.

De sua cama, uma carta final em francês foi enviada à Duquesa de Ferrara, na França, animando-a e instando-a a atrair uma sobrinha para a fé Reformada. Uma carta final em latim foi enviada a Bullinger, o reformador de Zurique, com as últimas notícias da França e Alemanha. Mesmo em seu leito de morte, Calvino mantinha um olho atento sobre o mundo. Em nenhuma carta fazia menção à morte que se aproximava.

Um tabelião foi chamado para redigir o testamento de Calvino. Não porque houvesse muito a ser legado. O maior legado que Calvino havia recebido não podia ser contado em dinheiro. Mencionou-o primeiro. "Em primeiro lugar, dou graças a Deus", falou Calvino enquanto o tabelião escrevia. "Ele livrou-me do abismo… e me trouxe para a luz do Seu evangelho… Tanto estendeu a Sua misericórdia para mim que me usou e o meu trabalho para… anunciar a verdade do Seu evangelho… Ele mostrar-se-á o Pai de pecador tão miserável".

"Os poucos bens terrenos" foram facilmente distribuídos. Ao "meu querido irmão Antônio", legou uma taça de prata que Calvino havia recebido de um amigo. Fora um gesto de amor, para que o dinheiro ficasse para os filhos de Antônio. Dez coroas a cada um dos filhos e trinta a cada uma das filhas — com exceção do sobrinho Davi, que receberia apenas vinte e cinco coroas "por ser inconsiderado e inconstante". E se porventura houver mais em minha herança do que estas coroas, o restante deverá ser também repartido entre sobrinhas e sobrinhos, "não excluindo Davi, caso Deus lhe tenha dado graças para ser mais moderado e sóbrio". Seis ministros e um professor assinaram como testemunhas do testamento em voz alta.

Havia ainda algum tempo para mensagens finais àqueles que prosseguiram no serviço da igreja e da cidade.

No dia 30 de abril, o Pequeno Conselho, togado e em cortejo solene, veio à Rua do Canhão, agrupando-se ao redor do leito de Calvino. Calvino agradeceu-lhes novamente por todas as demonstrações de bondade. Pediu-lhes perdão por seus momentos de raiva e pelos outros pecados cometidos durante os anos em que servira. Aconselhou-os, advertindo-os e encorajando-os. "Lembrai-vos sempre", falou-lhes, "que é Deus somente que dá forças a estados e cidades". Orou ardentemente pelos Conselhos e pela cidade. Deu a cada homem a destra em despedida. Os homens saíram do quarto, chorando "como se tivessem recebido a derradeira bênção de um pai".

Os ministros vieram no dia seguinte. Calvino conseguiu encontrar forças suficientes para lhes falar também, e por longo tempo. Fez reminiscências. Podia ainda sentir os cães em seus calcanhares, latindo e mordendo sua toga e pernas, atiçados por cidadãos inconformados. Podia ouvir os tiros de quarenta ou cinquenta trabucos descarregados sob sua janela antes de sua viagem para o exílio. A cena no pátio do prédio dos Conselhos, quando os Duzentos tiveram um entrevero, também foi revivida por Calvino. "Tereis dificuldades, também, quando Deus me chamar", advertiu aos pastores. "Mas tende coragem… porquanto Deus usará esta igreja e a manterá, e vos promete que Ele a protegerá".

"Meus pecados sempre me desgostaram… Rogo-vos, que me perdoeis o mal, e se porventura tenha havido algum bem… fazei dele um exemplo". Quanto à minha doutrina, "Ensinei com fidelidade, e Deus deu-me a graça de escrever… tão fielmente quanto estava em meu poder". "Vivi nesta doutrina e nela quero morrer. Perseverai nela, todos vós". "Amai-vos uns aos outros. Que não haja inveja".

Houve, novamente, o aperto de mão para todos. E, novamente, a fila de homens em pranto saindo para a Rua do Canhão.

Havia uma mensagem.

A quem, senão a Farel, o amigo de muitos anos? Farel queria vir. Calvino pensou na velhice de seu amigo e desejava poupar-lhe a viagem de Neuchâtel. "Adeus, bom e querido irmão", escreveu seu irmão Antônio, colocando no papel as palavras. "Porque Deus quer que você seja o sobrevivente, lembre-se da nossa amizade, a qual tem sido útil para a igreja de Deus, e cujos frutos nos aguardam no céu. Não se canse de vir até mim. Já estou respirando com dificuldade, e espero a cada hora que o fôlego me falte de uma vez. Basta que eu viva e morra para Cristo, a recompensa para aqueles que são d'Ele, na vida e na morte. Entrego-o, e os irmãos que estão com você, aos cuidados de Deus. Fielmente, João Calvino."

Mas Farel veio assim mesmo e sentou-se junto ao leito daquele a quem ordenara ficar em Genebra vinte e oito anos antes. Os dois amigos conversaram. E o velho Farel, com setenta e cinco anos, voltou então para sua casa, caminhando como viera. Viveria mais um ano antes de se unir a seu amigo.

Calvino viveu até o dia 27 de maio. Orava continuamente, em voz alta ou silenciosamente, movimentando os lábios. Nos estertores, atribulado pela dor, clamava com frequência: "Por quanto tempo, ó Senhor?". Ou: "Senhor, Tu me esmagas, mas eu me conformo de que seja a Tua mão".

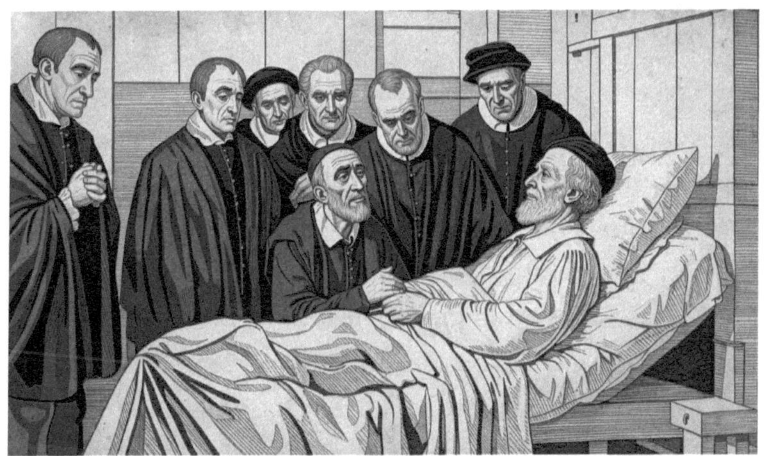

Em seu leito de morte, Cavino se despede de Guilherme Farel, o seu grande amigo.

Morreu em paz, como alguém que adormece. Em uma noite de sábado — o fim do dia, o fim da semana, o fim de uma vida. Um grande servo estava agora com seu Mestre.

Ao ouvir a notícia, o povo de Genebra juntou-se silenciosamente do lado de fora da casa da Rua do Canhão. O Pequeno Conselho reuniu-se em sessão especial. O secretário, tentando registrar os sentimentos dos conselheiros, escreveu com sua pena: "Deus o marcou com um caráter de tanta majestade e altivez". Nas atas do Conselho da igreja, ao lado do nome de Calvino, que estava marcado com uma cruz, havia estas palavras: "Levado por Deus, no dia 27 de maio do ano corrente (1564), entre oito e nove horas da noite".

Na tarde de domingo, às duas horas, o cortejo seguiu para o campo-santo da igreja, o cemitério Plainpalais, fora dos muros da cidade. Professores, ministros, conselheiros e cidadãos estavam na grande multidão que seguia o ataúde de pinho. Apenas o som de muitos passos interrompia a quietude dominical.

Calvino havia pedido em seu testamento que "meu corpo... seja enterrado na maneira usual, para aguardar o dia da abençoada ressurreição". Não houve, por conseguinte, palavras junto à sepultura. Nenhuma pedra foi colocada para marcar o local. Em pouco tempo, ninguém sabia onde jazia o corpo de Calvino. A sepultura continua desconhecida até hoje.

Mas algo maior, algo vivo, restou. As ideias e obras do homem de Genebra continuam poderosamente vivas através dos séculos. Inspiradas pela Palavra viva, elas penetraram em todo o mundo cristão. Por intermédio delas, o pregador de São Pedro tem ensinado e moldado a Igreja de Cristo. Ele tem falado nas vidas de homens e nações.

João Calvino foi, assim, um extraordinário servo de Jesus Cristo. Esse foi o homem humilde que viveu sob um lema: *Soli Deo Gloria*, dizia. Glória somente a Deus.